QUEM É VOCÊ NA FILA DO PÃO?

QUEM É VOCÊ NA FILA DO PÃO?

TENHA UM PLANO E FAÇA ACONTECER

VIVI DUARTE

Planeta

Copyright © Viviane Duarte, 2021
Copyright © Editora Planeta do Brasil, 2021
Todos os direitos reservados.

Preparação: Thiago Fraga
Revisão: Fernanda Guerriero Antunes e Nine Editorial
Diagramação: Natalia Perrella
Capa: Guilherme Vieira / Estúdio Daó e Felipe Vieira

Dados Internacionais de Catalogação na Publicação (CIP)
Angélica Ilacqua CRB-8/7057

Duarte, Viviane
 Quem é você na fila do pão? / Viviane Duarte. São Paulo: Planeta do Brasil, 2021. 144 p.

ISBN 978-65-5535-416-4

1. Autoajuda 2. Empreendedorismo I. Título

21-2290 CDD 158.1

Índice para catálogo sistemático:
1. Autoajuda

2021
Todos os direitos desta edição reservados à
EDITORA PLANETA DO BRASIL LTDA.
Rua Bela Cintra 986, 4º andar – Consolação
São Paulo – SP CEP 01415-002
www.planetadelivros.com.br
faleconosco@editoraplaneta.com.br

Depoimentos

"A convivência com Viviane Duarte é uma lembrança diária de que todas nós somos alguém na fila do pão. Alguém com uma história e muitas potências que precisam ser legitimadas. E ela traz isso para a prática com milhares de meninas deste país, que já despertaram e passaram a olhar e seguir com seus planos. Vivi é revolução."
Aline Midlej, jornalista âncora do canal de TV Globo News

"A Vivi é a líder mais potente e inspiradora com quem já trabalhei, e uma instituição do bem por si só. Independentemente de quão desafiador seja o contexto, ela tem uma capacidade inigualável de mobilizar grandes agentes em prol de transformar a vida de milhões de meninas e mulheres para melhor, num país em que há muito a ser feito. Criar e executar planos poderosos em parceria com a Vivi e o seu Instituto Plano de Menina é recompensador, transformador e necessário!"
Paola Mello, Global Marketing Manager Unilever

"A Vivi é o maior exemplo que eu conheço de uma pessoa que venceu no mundo dos negócios apesar de todas as barreiras e preconceitos que existem. Ela mostra como ter um plano faz a diferença – com resiliência, competência e dedicação ilimitada."
Roberto Grosman, COO da Descomplica, cursinho pré-vestibular

"Vivi Duarte é uma mulher corajosa. Corajosa para bater na sua porta, contar sua visão e mostrar sua potência

em provocar o *status quo*. Este livro não é somente sobre a coragem da Vivi, é também sobre impactar a vida de meninas e mulheres."
Daniela Cachich, CMO Latam e SVP de Marketing da Pepsico Brasil Alimentos

"A obstinação da Viviane Duarte por nos estimular e por fazer com que nossos planos saiam do papel é admirável. Dá a mim e a todas as que têm o prazer de chegar perto dela, muita inspiração e força. Além de ser impecável como profissional, sempre tem uma palavra de carinho e um sorriso nos lábios. Não há uma vez que não me arranque um sorriso, quando me chama de 'sua safada vem aqui em casa'. Quero tê-la sempre por perto."
Eliane Dias, empresária do Racionais MC's

"Vivi é daquelas pessoas raras que temos sorte de ter na vida. Sempre traz um ponto de vista provocador, é grande ouvinte e tem uma energia sem igual. Fico muito feliz em saber que agora, em páginas impressas, muito mais gente terá acesso a esse privilégio que é a Vivi!"
Pedro Reiss, CEO Wunderman Thompson Brazil

"Antes que a pauta sobre diversidade e inclusão fosse algo relevante na atuação das marcas, a Vivi enxergou que a comunicação precisava ter maior representatividade. E, como isso não vinha das agências, empreendeu com muito sucesso, ajudando áreas de marketing em suas decisões e contribuindo para uma sociedade mais justa".
Marcelo S. Gomes, presidente Meio & Mensagem

"Vivi é criativa, realizadora e tem propósito. Por meio de suas experiências, enxergou que poderia ir mais longe, ajudando outras mulheres. Foi assim que criou o Plano de Menina, uma ONG que prepara as meninas da periferia para que no futuro possam ocupar lugares de grande projeção profissional. Além disso, foi pioneira ao lançar o Plano Feminino, a primeira agência focada em diversidade, em um momento em que ninguém falava sobre esse assunto. A história de Vivi Duarte é sinônimo de inspiração, resiliência, empreendedorismo e sucesso!"
Gabriela Correa, CEO Lady Driver, aplicativo de mobilidade de mulher pra mulher

Dedico este livro às mulheres que vieram antes de mim, às minhas ancestrais que suportaram tudo para que eu pudesse estar onde estou neste exato momento.

À minha neta Luiza, que desperta em mim ainda mais coragem para lutar por uma sociedade que honre meninas e mulheres.

Recado da autora para você, leitora

Levante-se e vá até um espelho. Viu bem quem você é? Então, agora é hora de assinar um termo de comprometimento com quem você é e com quem deseja ser!

SUMÁRIO

TENHA UM PLANO PARA TUDO	17
CLICHÊS QUE SALVAM PLANOS	23
ENCARE AS TRETAS DA VIDA	27
O DIA EM QUE EU VENDI MATO E APRENDI UMA LIÇÃO	34
TESTE DO ESPELHO	40
O QUE VOCÊ QUERIA SER QUANDO CRESCESSE?	44
MINHA LINHA DO TEMPO	53
PREPARE-SE PARA HACKEAR O SISTEMA	65
FAÇA SUA REDE DE CÚMPLICES DE PLANOS	76
DEMITIDA COM SUCESSO	81
TCHAU, CARTEIRA ASSINADA. OI, VIDA EMPREENDEDORA!	83
O QUE VOCÊ TEM NAS MÃOS?	88
EXPULSA DA IGREJA... CHECK!	97
SUA HISTÓRIA TEM VALOR – CONSTRUA A SUA MARCA	101

QUEM É VOCÊ EM MEIO AO CAOS?	**129**
PARA TODAS	**137**
CONTEÚDO EXTRA	**141**

Para as empreendedoras anônimas, de todo o coração

Toda madrugada uma dona Maria se levanta para preparar quitutes fresquinhos para os seus clientes. Pelas ruas, muitas Marias, Aparecidas, Augustas e Sônias transitam com suas sacolas. Roupas, acessórios, maquiagens, vasilhas de plástico e lingeries. Muitos as conhecem como sacoleiras; outros as chamam de mascates. São guerreiras, sobreviventes.

Talvez essas mulheres nem saibam o significado do termo empreendedorismo. Talvez elas imaginem que essa labuta faça parte da vida e que estão apenas se virando para conseguir pagar o aluguel, o curso de informática para o filho, e garantir o prato cheio no fim do dia. Assim, sequer imaginam a força que carregam em suas sacolas.

Muitas dessas mulheres fazem a palavra "empreender" ter muito mais sentido. A maioria – longe dos holofotes, das cadeiras das universidades e dos cursos de MBA – está transformando não só a própria vida, mas também a de dezenas de pessoas à sua volta. Incansáveis. Não, elas não querem aumentar a escalabilidade de seus negócios. Tampouco criar um modelo de franquia e expandir. Elas querem estar exatamente onde estão. Querem pagar as suas contas com o que acreditam fazer de melhor.

Essas são mulheres que se esvaziaram delas mesmas e se encheram de fé, coragem e propósito. E não, o objetivo nunca foi, e talvez nunca será, sair dos arredores de sua comunidade, mas, sim, proporcionar felicidade e um pouco mais de conforto aos seus. Com os próprios negócios, elas estão trocando os móveis de casa, vestindo melhor a criançada e arcando com o churrasquinho do fim de semana. Elas pagam suas contas em dia. Têm o seu nome como o maior patrimônio e honram sua palavra. São supermulheres. Lindas de viver. Inspiradoras.

Quando cruzar com essas mulheres nas ruas, pare. Admire. Observe. Aprenda. Você vai ver que elas têm brilho nos olhos e uma esperança que faz a gente sufocar. Vai perceber que toda a energia delas vai te fazer pensar o que tem feito da vida com tanto nas mãos. E, então, você vai suspirar. E talvez renovar suas esperanças de que é possível fazer muito com pouco. Enquanto você estiver indo para casa pensando nisso – e ao dormir com a imagem dessas mulheres na cabeça –, elas estarão se preparando para o dia seguinte. Para o despertar na madrugadinha, com sorriso no rosto. Anônimas. Realizadas.

CAPÍTULO 1
TENHA UM PLANO PARA TUDO

Na semana em que completei 41 anos, decidi que escreveria meu livro. Há praticamente um ano estou escrevendo-o mentalmente e percebi que tudo sairia na primeira semana dos meus 41 anos. Não sei explicar como cheguei a essa conclusão – ou melhor, talvez eu saiba: intuição. Você costuma ouvir a sua?

Depois de muitos anos batendo cabeça, aprendi a ouvir minha intuição. Já me meti em cada uma por deixar de dar atenção àquele friozinho no estômago que grita "Vai que é tuaaaa!", ou então ao fígado dizendo "Paraaaa!".

Sabe aquele sentimento que parece ser coisa de nossa cabeça ou só um medinho bobo? Faz um tempinho que decidi dar ouvidos a ele. Nosso corpo fala tudo para a gente, basta estarmos atentas para ouvi-lo. Antenas ligadas, amore!

Quando você tem um plano, sai pelo mundo gritando aos quatro ventos aonde quer chegar e mostra que não está para brincadeira; atrai de tudo, inclusive coisas ruins.

Acredito que, quando você tem um sonho, não necessariamente é obrigada a ficar em silêncio, mantendo-o em segredo. Mas é importante estar atenta ao seu corpo, às sensações e intuições diante das circunstâncias e das pessoas que surgem em sua jornada.

Tudo na vida é sobre escolhas. E é legal também saber escolher aliados e a quem escutar com sabedoria. Spoiler: ninguém mais do que você sabe do que você é capaz de realizar. Falaremos mais sobre isso neste livro.

Outro dia fui a um spa para receber massagens e descansar meu corpo, exausto de carregar nas costas a mulher que eu decidi ser. Parece pesado, né? E é! Nascer mulher e carente de privilégios, em uma sociedade sem acesso à educação de qualidade e oportunidades, e conseguir chegar aonde cheguei com a saúde mental preservada é raro. Muito raro. Quantas mulheres e meninas iguais a mim ficaram para trás? Milhares. Basta analisar os resultados de pesquisas como os da ONG americana Save the Children, segundo a qual o Brasil ocupa a 102ª posição no Índice de Oportunidade para Garotas, entre 144 nações avaliadas em todo o mundo. No continente americano, nosso país fica à frente apenas da Guatemala e de Honduras no ranking que considera dados sobre casamento infantil, gravidez na adolescência, mortalidade materna, representação das mulheres no parlamento e conclusão de ensino secundário. "O Brasil é um dos países mais desiguais do mundo e com menos oportunidades para mulheres e meninas que nascem em periferias, especialmente as mulheres negras", conclui o estudo.

Costumo dizer que tenho a sensação de ter o dobro da minha idade, ou seja, 80 anos. E não me refiro à minha disposição – apesar de a massagista do spa que eu frequento dizer que meu ciático está inflamado de tanto estresse e que eu preciso de um pacote de mais dias para relaxar. Socorro! Eu me refiro ao número de experiências que vivi e de obstáculos que tive de ultrapassar para realizar parte dos meus planos e para alcançar meus objetivos. Para ter acesso a espaços como aquele spa e receber aquela massagem, sabe como?

Histórias como a minha costumam aparecer na mídia como se fossem contos de fadas, com chamadas espetaculosas: "Ela chegou lá!". Essas matérias estão sempre acompanhadas de uma narrativa meritocrática perversa que se recusa a olhar para as desigualdades e entender que mulheres que nascem sem privilégios sociais e conquistam seus planos são exceções, e não regra.

Não tem nada de conto de fadas ver, por exemplo, seus pais sendo despejados de casa porque não têm grana para pagar o aluguel. Muito menos ver sua mãe sair de madrugadinha para trabalhar e voltar no último horário da noite, sem tempo para conversar com você. Sem tempo para ela.

Não acho que seja uma história de princesa vencedora você morar em uma rua sem asfalto, de bairro perigoso. Ou você ter de usar sacolas de plástico nos pés para subir ou descer a rua, porque quando está calor ela parece um deserto do Saara, com quase 1 metro de altura de terra fofa. E quando chove essa rua parece um mar de lama escorregadia.

Que poesia há nisso tudo, gente?

Eu poderia começar contando para vocês uma história a partir de capítulos em que eu já estivesse fora desse contexto social, mas sabe por que eu prefiro "começar do começo"? Porque eu respeito a minha história e a de milhões de mulheres que, como eu, minha mãe e minha avó, vivem neste país. Mulheres que buscam realizar seus sonhos, mas que esbarram na falta de privilégio social, no machismo, na violência doméstica, na falta de autoestima e de fé em si mesmas provocada pela exaustão.

Pode ser que você tenha tido uma condição social melhor do que eu e, ainda assim, enfrente seus espinhos pelo caminho, porque todas nós o fazemos, independentemente das circunstâncias em que nascemos. Todas nós, simplesmente por sermos mulheres, somos subestimadas e condicionadas a estabelecer planos rasos e a ter pouca ambição.

Somos treinadas para servir e, ainda (no século XXI), obrigadas a sermos belas, recatadas e do lar. Condicionadas a sermos perfeitas, em uma sociedade que cobra da gente o peito maravilhoso, os cabelos de propaganda de shampoo e o corpo escultural da protagonista das novelas e suas dublês. Somos influenciadas diariamente a usar filtros nas redes sociais, a adorar o Photoshop e a seguir padrões de beleza aprisionadores. Você deve saber do que estou falando.

Enquanto eu escrevia este livro, a TV Globo estava exibindo uma novela chamada *A dona do pedaço*. A protagonista era a atriz Juliana Paes, com seu corpão malhado, pele bronzeada e sorriso largo. Ela viveu uma personagem com a qual me identifiquei logo de início – desde pequena, aprendeu as receitas da avó e passou a vender bolos para sobreviver. Para "vender o almoço e pagar a janta". Mas, como a novela gosta de mostrar contos de fadas para a gente, assim como as mídias sociais, na trama passaram-se apenas alguns capítulos até que a bonita se tornasse empresária riquíssima com a venda de seus bolos.

Aí eu me pergunto: até quando vão nos contar histórias de guerreiras perfeitas e nos fazer crer que, para tirar um plano do papel e ser uma mulher realizada, é necessário ter uma cintura como a da Juliana Paes e acreditar em um cenário de conquista tão perfeito como o das empresárias de novelas? Onde estão os tapas na cara que recebemos nos bastidores? Os impostos reparcelados? Os boletos que voam sobre nossos travesseiros? E a ansiedade que corrói nossa criatividade?

O tempo todo somos bombardeadas de historinhas que só nos deixam ansiosas. Nelas, as conquistas são rápidas. As mulheres são perfeitas. O perrengue sempre vem acompanhado de uma solução instantânea. Você sente aquela tensão e até culpa por não conquistar os mesmos resultados que as mulheres que a mídia costuma nos apresentar, seja em novelas, seja em revistas especializadas. Mas tem uma pergunta que você deve se fazer antes de se comparar: de que lugar de largada aquela pessoa partiu?

Você precisa respeitar sua história e entender que cada uma de nós parte de uma realidade diferente e que não é legal ficar se comparando com outra mulher ou qualquer outra pessoa. Nunca se compare! Você, sua história e seus planos são únicos. Pegue nas mãos tudo o que você adquiriu durante esses anos de vida – e não estou falando apenas de dinheiro, mas de rede de apoio, contatos, experiências boas e ruins. Tudo isso tem um valor intangível e precioso que dinheiro nenhum pode comprar. São seus ativos. Suas ferramentas para vencer.

Reúna tudo, inclusive os sonhos da menina que você foi um dia. O que você diria para ela hoje? Os planos se perderam? Você mudou de rota? Acovardou-se diante da vida adulta e escondeu-se atrás de crachás e cargos em empresa? Parou no tempo por causa de um relacionamento? Avançou e se superou? Reúna cada aprendizado e momento que viveu até aqui, amore. Tudo isso tem valor. Acredite!

Escreva para você

O que você diria para a menina que você foi um dia? Lembra-se dos sonhos que tinha quando a vida adulta e suas responsabilidades ainda não haviam te abduzido? Escreva uma carta para você e elogie suas conquistas até aqui.

De mim para mim mesma:

....
....
....
....
....
....
....
....
....
....
....
....
....
....
....

CAPÍTULO 2
CLICHÊS QUE SALVAM PLANOS

"Olhe sempre a vida com o copo meio cheio..."

Faz esse favor para você e pare de reclamar de tudo. Eu fiz isso por mim e muita coisa mudou. É difícil, mas você consegue. Toda vez que tiver um olhar pessimista sobre as coisas e situações, pare, respire e refaça o caminho do seu pensamento. Ensine sua mente a trabalhar a seu favor. A neurociência fala muito sobre isso e existem pesquisas que comprovam que o pessimismo é uma autossabotagem. Pare!

"A vida ajuda quem cedo madruga"

Ninguém está pedindo para você acordar com as galinhas, pois cada pessoa tem seu relógio biológico e agenda de compromissos. Mas é cilada achar que tudo o que é seu está guardado e que você não precisará correr atrás para realizar seus planos. Tem sorte quem trabalha e corre atrás. O resto se torna plateia. Levanta é vá atrás!

"Me diga com quem andas que te direi quem és"

Quem são seus aliados? Qual sua rede de apoio? Com quem você tomou café no último mês? Construa uma rede com pessoas que tenham o mesmo propósito que o seu. Networking é mais que um jogo de interesses pelo outro. É um jogo de interesses mútuos em que uma pessoa contribui com a outra e cria elos de confiança. Invista em relacionamentos sinceros para além dos cargos e crachás de empresa. Gente interessante e interessada é bem diferente de gente interesseira – guarde isso para a vida.

"Os olhos do dono que engordam o rebanho"

Se o plano é seu, não adianta terceirizar a execução. Você vai precisar estar atenta a cada detalhe e arregaçar as mangas. Delegar, sim. Terceirizar planos, nunca! Terceirizar é a rota do fracasso.

Minha mãe, Shirlei, e minha avó, Nica, diziam frases como essas quase todos os dias. E eu muitas vezes virava os olhos… Adolescente cansada. Mas elas estavam certas o tempo todo e sabiam do que estavam falando. Elas encontravam solução onde não tinha. Eu percebo isso olhando superficialmente, por exemplo, para a situação da nossa casa durante minha infância. Morávamos em um cortiço e não tínhamos dinheiro para fazer nada de extraordinário. Mas minha mãe e minha avó não enxergavam o cenário dessa forma e, por isso, realizavam seus planos com o que tinham nas mãos. Lá em casa, tudo sempre tinha solução. Mesmo que fosse vender o almoço para pagar a janta. A gente sempre tinha um plano.

Neste livro, vou dividir com você todos os aprendizados que adquiri vendo de perto os perrengues se transformarem em oportunidades, além de compartilhar tudo o que venho aprendendo ao logo dos meus vinte anos de carreira. São dez anos como empreendedora, sócia, proprietária e CEO da minha vida. De exterminadora de boletos a conquistadora de planos poderosos.

Vou contar tudo para que você fique atenta e entre no jogo do mundo dos negócios, seja como empreendedora, seja com o que quiser ser. Vou apresentar ferramentas para você hackear o sistema classista, machista e patriarcal que existe em nossa sociedade. Meu objetivo é que você ocupe os melhores espaços e que se torne protagonista de sua própria história. E, claro, lembre-se sempre: uma sobe e puxa a outra, combinado?

Termo de compromisso comigo mesma

Eu _____ me comprometo a me colocar em primeiro lugar em todas as situações da minha vida, entendendo que isso não é egoísmo, e sim amor-próprio, e me colocar como prioridade.

Prometo me afastar de pessoas tóxicas que estiverem ao meu redor, desacreditando de meus planos e me botando para baixo.

De acordo com este termo, me declaro dona e proprietária dos meus planos e guardiã de mim mesma, deixando ao meu lado apenas o que soma.

Se não somar, suma!

Meu plano a partir de agora é (*escreva aqui qual é o seu plano*):

....
....
....
....
....
....
....
....
....

Assinado _____

CAPÍTULO 3
ENCARE AS TRETAS DA VIDA

Desde os 6 anos, eu já sabia que queria ser jornalista. Eu morava em um cortiço em São Paulo com minha mãe, minha irmã e meu pai. No mesmo quintal moravam a dona Antônia e minha amiguinha Alice. Tinha também o Tadeu e sua avó, que vivia gritando: "Tadeu, onde você se meteuuuuuuu?". As tias dele viviam tirando seus piolhos no sol com um pente fino e esmagando os bichos nas unhas. Argh!

Na rua em que eu morava havia casas bonitas – a nossa era a mais simples de todas –, e as crianças dessas casas eram dotadas de certos privilégios. Algumas famílias tinham carros e casas próprias, e os filhos frequentavam aulas de inglês e de balé, além de estudar em escolas particulares.

Essas crianças comiam pão de forma com maionese todos os dias. Eu achava isso incrível. Na minha casa só tinha pão de forma nos aniversários. Minha mãe preparava pasta de maionese com sardinha para passar no pão e cortava quadradinhos deliciosos para servir aos meus coleguinhas.

Naquela época, eu não sabia que aquilo era privilégio de classe nem que a minha família era pobre. Aliás, minha mãe nunca me contou. Acho que porque, na cabeça dela, pobre era uma questão de estado de espírito.

Minha mãe e minha avó sempre foram empreendedoras, mas sequer pronunciavam essa palavra. Elas diziam que "vendiam o almoço para pagar a janta" e que estava tudo certo porque, no fim do dia, sempre tinha comida na mesa e a gente vivia feliz. Meu pai era mascate e vendia bichinhos de pelúcia e rifas na rua. Era um corre-corre para sobreviver e ultrapassar os obstáculos da vida na periferia.

Eu cresci acompanhando minha avó em um dos bairros mais populares de comércio de sacoleiras em São Paulo, o Brás. Gente de todo o Brasil vai lá para comprar e revender produtos diversos. Ela comprava e negociava com os comerciantes locais de uma forma tão encantadora que eu ficava cheia de orgulho. Ela sempre conseguia o que queria e brigava por isso. Voltávamos para casa com as sacolas cheias de doces e de roupas para revender. Eu sempre ganhava um docinho que vinha com um anel junto. Eu os colecionava e amava – mesmo que eles ficassem escuros depois.

Essa era a nossa vida, o nosso jeito de conseguir nos manter em pé em meio às dificuldades que existiam.

Mas, mesmo com tanto perrengue, minha mãe e minha avó tinham uma coisa em comum que as diferenciava das demais mulheres moradoras daquele cortiço. Elas tinham planos. E não eram tímidos. As duas sonhavam em ver a mim e a minha irmã ingressando na faculdade: eu, no curso de Jornalismo; minha irmã, no de Administração. E a gente foi criada para isso. Para não nos abater diante dos desafios nem abaixar a cabeça para os problemas ou para as privações.

Minha mãe sempre me ensinou a encarar as tretas da vida desde cedo. Certa vez uma menina riu da minha roupa porque era uma calça reformada de um tio. Cheguei em casa desolada e minha mãe levantou minha cabeça e me falou: "O que é mais importante agora para você alcançar seus sonhos, filha? Uma calça jeans de marca ou seu curso de informática?". Eu respondi que não sabia e ela logo me fez entender: "Então, vamos pensar… A calça de marca você vai usar por um ou dois anos e ela vai acabar. Passados esses anos, o que ela vai te ensinar? O que ela vai deixar para você e que você vai poder usar para ser uma garota mais inteligente e capaz de realizar seus sonhos?".

Queria poder responder que ela ia me deixar linda, maravilhosa, a mais poderosa, mas, no fundo, eu sabia do que ela estava falando e com a voz embargada eu simplesmente respondi: "Nada…".

Minha mãe levantou minha cabeça novamente, me olhou nos olhos e disse firme – porque minha mãe não era de ficar adulando a gente; ela era firme e acredito que se ela fosse baixar a guarda talvez hoje eu não estaria aqui escrevendo isso para você: "Então levanta essa cabeça e vá estudar. Foca nos seus livros e no seu curso. Calça não realiza os sonhos de ninguém, minha filha".

Claro que eu queria a calça nova. Óbvio que eu não gostava de usar calça reformada e nem dos olhares das meninas da minha escola me julgando pelas minhas roupas. Mas eu sabia que minha mãe estava certa e todos os dias eu decidia que meu sonho era maior do que qualquer outra coisa. E isso incluía a calça de marca.

Qual é a sua "calça reformada?"

Você gostaria de ter ou de conquistar algo, mas, muitas vezes, acaba priorizando algo completamente diferente e que a impede de concretizar seus sonhos? O que tem feito você sabotar seus planos? Pode ser um objeto, uma atitude ou qualquer outro motivo que talvez a paralise e a faça tirar o foco do que realmente importa. Não caia nessa cilada!

É essencial que você tenha consciência de consumo e educação financeira para realizar seus planos. Então, mire na sua meta e siga firme. Não viva de aparências. Ter um plano implica comprometimento e disciplina para realizá--lo, ou então você fará parte do bloco de pessoas que sempre começam e não finalizam nada, das que se perdem no meio do caminho.

Para você conseguir realizar seus planos, tenha seus objetivos claros e bem definidos e cuide de seu orçamento. Antes de fazer uma compra, pergunte-se primeiro: *Eu realmente preciso disso? Isso vai me fazer alcançar meus objetivos ou vai me comprometer?* Procure manter sua vida financeira minimamente em ordem para tirar os planos do papel. Fique atenta, porque investimentos equivocados podem fazer tudo ir por água abaixo.

Customize e crie a sua identidade

No fim das contas, sabe o que eu aprendi a fazer com as calças reformadas? Aprendi a bordar, rasgar, desfiar e criar. Passei a imprimir o meu próprio estilo, e pasmem: as meninas do meu colégio me pediam para ajudá-las a fazer o mesmo com as calças de marca delas. É sobre isso, amore. É sobre valorizar o que você tem nas mãos e, com isso, fazer acontecer.

No meio do caminho tinha um buraco

Em um determinado momento da minha vida eu e minhas familiares nos mudamos para um lugar muito distante do que estávamos acostumadas. Saímos do bairro da Freguesia do Ó e fomos para uma cidade metropolitana de São Paulo chamada Franco da Rocha. A gente morava em um morro, em um lugar distante do Centro. Era bem difícil de chegar, já que a rua não era asfaltada e tinha muitos buracos. O acessório que a gente mais usava naquela época era a sacolinha de plástico do supermercado.

Tutorial para driblar a poeira e a lama

Quando fazia muito sol e o tempo estava seco, o barro da rua se transformava em uma poeira fina e fofa. Por isso, afundávamos os pés levantando poeira a cada passo dado. Quando chovia, tudo virava lama, e a gente atolava a cada passo também. O jeito era improvisar, e a sacola de plástico era um acessório indispensável para quem precisava chegar ao trabalho ou à escola minimamente a salvo de tudo aquilo. Então, a gente enfiava os pés nas sacolas de plástico e as amarrava nos tornozelos. Assim, sapatos e roupas ficavam menos sujos. Vira e mexe eu escorregava, sujava toda a roupa e voltava para casa para me trocar.

Até então nunca havíamos morado em uma rua sem asfalto. Mesmo em cortiços e Cohabs, minha mãe sempre dava um jeito de encontrar uma moradia bem localizada e segura. Mas a situação financeira da família estava pior do que o esperado e, na época, aquele era o único endereço possível para morar.

Eu via minha mãe empreendendo e trabalhando à exaustão e minha parte era estudar e ajudá-la a vender as coisas que ela fazia ou revendia.

Eu achava a clientela com meu olhar "mercadológico" e identificava os clientes fazendo uma análise de perfil socioeconômico, mais precisamente na garagem de suas casas. Se tinham carro, eu deduzia que seu poder aquisitivo era bom o bastante para comprar nossos bolos e plásticos de cozinha e tudo o mais que havia no estoque da minha mãe. Na maioria das vezes, minha leitura era certeira e eu conseguia vender bastante. Eu identificava oportunidade no caos e não parava no meio do caminho para questionar sobre sacolas de plástico nos pés. A gente se munia do que pudesse para manter nosso foco na mulher que sonhava ser. E batalhava por ela – todos os dias!

Faça isso por você agora, honrando a mulher que você é e a que deseja se tornar. Tire os olhos do caos e concentre-se em você e em seus sonhos. Construa um tutorial para chamar de seu e encare os perrengues do seu dia! Sejam ruas de barro, de poeira, de gente chata, do que for. Faça agora seu tutorial e honre a mulher que você é e deseja construir!

Meu tutorial para encarar os perrengues do dia

Relacione a seguir cinco atitudes que você pode começar a tomar por você hoje para honrar a mulher que você é e focar a realização de seus planos:

....
....
....
....
....
....
....
....
....
....
....
....
....
....
....
....
....

CAPÍTULO 4
O DIA EM QUE EU VENDI MATO E APRENDI UMA LIÇÃO

Nasci em um lar de vendedoras, sacoleiras, empreendedoras por sobrevivência. Mulheres que não tinham escolha e precisavam usar criatividade e toda a sua energia para sustentar a família. O comércio e os clientes sempre foram seus grandes aliados.

Todos os perrengues da minha infância e adolescência serviram para que eu encarasse as tretas da vida sem piscar. Aprendi, descendo e subindo o morro de terra fofa ou de lama, a me equilibrar física e emocionalmente em meio às tempestades que surgiam – e que surgem até hoje. Aprendi a ser resiliente.

Muitas vezes, tinha vontade de desistir, de não ir à escola ou ao curso. Era difícil demais encarar aquele morro e uma hora de caminhada para chegar a qualquer lugar, com a mochila cheia de livros e planos tão audaciosos para uma garota periférica como eu era. Mas manter o foco exatamente em quem eu queria ser era maior que o morro e todos os outros obstáculos que tinha de enfrentar. Sabia que eu precisava me mexer ou nada aconteceria, e eu ficaria ali, naquele morro, ilhada dos meus sonhos e do mundo todo. Lá não chegavam políticas públicas, ONGs internacionais e projetos sociais.

Em minha cabeça, eu não tinha a opção de desistir. Eu não podia me sabotar e sabia disso. Fazendo um paralelo com os dias de baixa autoestima e com as pessoas tóxicas à sua volta, pense em quantas vezes você se autossabota.

A autossabotagem é inimiga da realização de planos. Fortalecer a autoestima é a melhor arma para acabar com a vozinha que sussurra em seus ouvidos dizendo que você nunca poderá ser aquilo que sonha. Você pode e vai ser! Manda essa vozinha sair daí. Agora!

Você já deixou para lá um sonho, desistiu dele por não se sentir capaz – seja porque ouviu a voz de uma pessoa pessimista, seja por ter escutado a própria voz, desencorajando-a a ser o mulherão que você sonhava ser?

Muitas amigas minhas desistiram. Ouviram pessoas que diziam para a gente que faculdade não era coisa para pobre. Deram ouvidos aos seus namorados tóxicos que as chantageavam, dizendo que, se elas fossem estudar, sairiam para as baladas sem elas.

Muitas delas olhavam para o espelho e se invalidavam, achando que eram mesmo burras como os professores falavam e que nunca seriam nada na vida, porque não tinham nenhuma habilidade. E isso não era verdade. Todas nós temos habilidades para algo, a gente só precisa investir em nossa autoestima para encontrá-las.

Óbvio que, para realizar seus planos neste país, uma menina sem privilégios tem de contar com inúmeros fatores e lutar cinco vezes mais. Naquela época, com certeza eu teria muitas amigas formadas se os fatores baixa autoestima e autossabotagem não influenciassem tanto.

Você já desistiu de algo porque não acreditou que era capaz? Sentiu-se esgotada por causa da invalidação de pessoas que deveriam acreditar em você? Desacreditou de seu potencial? Mais do que imaginamos, esse tipo de sentimento é muito presente na vida de nós, mulheres, especialmente se estamos em um momento de conquista. Você já sentiu que não deveria ocupar um cargo ou que não estaria preparada o suficiente para alçar novos e maiores voos? Ou você já conheceu alguma mulher que carregava esse sentimento? Essa falta de fé em si mesma não surgiu do nada. Isso é reflexo de um sistema patriarcal e machista que o tempo inteiro – independentemente do lugar de onde viemos – tenta nos convencer de que não nascemos para realizar nossos planos e para sermos protagonistas de nossas histórias.

Esse sentimento tem nome: síndrome do impostor. Inclusive, ele vem sendo debatido por muitos estudiosos nacionais e internacionais.

Quem sofre dessa síndrome se sente uma fraude e acredita que suas conquistas se devem ao fator sorte, e não à sua capacidade, aos seus valores e habilidades.

Uma pesquisa da Universidade Dominicana da Califórnia, nos Estados Unidos, apontou que a síndrome do impostor atinge cerca de 70% dos profissionais bem-sucedidos, especialmente mulheres e estudantes de pós-graduação e mestrado.

Quando eu era menina e adolescente, acreditava sempre em mim. Mas, assim que comecei a entrar para o mundo corporativo e realmente ocupar outros espaços, passei a me sentir incapaz. Tinha medo de compartilhar minhas ideias e ser ridicularizada. As pessoas contavam sobre suas experiências internacionais e eu ficava muda – afinal, o que eu tinha para dizer era sobre as enchentes que eu enfrentava para chegar ao trabalho e sobre os trens superlotados que eu pegava, com caras encostando-se em mim. O que isso teria de interessante? Eu sentia que a qualquer momento alguém me chamaria no RH e me diria que a minha contratação havia sido um engano. Que pesadelo!

Talvez você esteja se sentindo uma impostora ou uma pessoa incapaz de tirar um plano do papel. Talvez você tenha aberto tanto as portas para as pessoas te criticarem – sem nunca terem feito nem um terço do que você faz –, que esteja se sentindo cansada e acreditando que todos têm razão: você é mesmo uma fraude e a qualquer momento vai ser desmascarada. Eu sei exatamente como é essa sensação.

Sabe o que eu fazia (e ainda faço) para exterminar essa vozinha que sussurrava (e ainda, em algumas ocasiões, sussurra) que eu era uma fraude? Todas as vezes que estava ocupando e escrevendo um novo capítulo em minha jornada, aumentava o som da autoestima, respirava fundo, levantava minha cabeça e ia para cima. Faço isso até hoje. Não foco minhas fragilidades e limitações, mas me obrigo a me lembrar de todas as minhas habilidades, daquilo que sou realmente boa e de tudo o que me fez chegar aonde cheguei. E mando a vozinha da impostora sumir da minha frente, porque não tenho tempo para ela. Validar-se e trabalhar diariamente sua autoestima faz toda a diferença para que você possa, de cabeça erguida, ocupar todos os espaços que desejar.

Você pensa que só você passa por isso? Infelizmente, não! Até Michelle Obama, a ex-primeira-dama dos Estados Unidos, mulher engajada, politizada, maravilhosa, declarou que sofre com essa síndrome. Em uma visita a uma escola de Londres, Michelle admitiu questionar suas competências e se sentir insegura em diversas situações. Dá para acreditar?

A cantora Jennifer Lopez declarou que não se sente boa no que faz, apesar de ter vendido 70 milhões de discos. Sheryl Sandberg, chefe de operações do Facebook, por sua vez, afirmou que por alguns dias acordou com a sensação de ser uma fraude, sem ter a certeza de que deveria estar onde está. Ou seja, a síndrome do impostor pode atacar nos momentos de ascensão de carreira. Você pode sentir, muitas vezes, que não é tão capaz assim e duvidar de suas potencialidades, ou pensar que alguns colegas seus poderiam ocupar sua cadeira e seu cargo, apresentando um desempenho melhor do que o seu.

Fomos criadas para emprestar as nossas bonecas às nossas amigas e falar "sim" para tudo. Aprendemos que falar bem de nós mesmas é arrogância, que aceitar elogio é prepotência. E esses ensinamentos nos prejudicaram. Não fomos ensinadas a lidar com poder – esse lugar sempre foi dos meninos. Subir e cair. Errar e tentar de novo. Se achar a mais forte e bater no peito. Os meninos sempre receberam elogios por isso; nós, não – na maioria das casas de família, não. Consequentemente, isso fez que recusássemos elogios, falássemos em terceira pessoa sobre uma ideia concebida apenas por nós e nos sentíssemos uma fraude quando ocupamos lugares negados a nós. CHEGA! Vamos ressignificar tudo isso!

Entenda seus sentimentos, valorize sua potência e bote a cara no sol nas reuniões, nos palcos, quando estiver em cargos de liderança – assim que conquistar um – e em todos os espaços que puder e quiser. Você é mulher e é potente. Você é capaz. Você não é uma fraude. Tome posse da mulher poderosa que tem aí dentro de você. Se der medo, vá assim mesmo!

Você não é metida, você é segura! Você não é estúpida, você é assertiva e objetiva. Você não é mãe de ninguém, você é uma líder acolhedora. Você não é soberba, você tem opinião. Você não é egoísta, você tem amor-próprio. Você não é ingrata, você só não é obrigada a ter dívidas eternas com ninguém. Você não é antissocial, você só não tolera gente tóxica. Você não é responsável por ninguém além de você. Você não é uma fraude, você tem valor. Você não é intrometida, você só quer dar sua opinião. Você não é obrigada a nada. Você não chegou aqui por acaso, você e sua história valem muito. Você é única. Você merece estar onde está. **Você merece realizar seus planos.**

CAPÍTULO 5
TESTE DO ESPELHO

A terapia do espelho serve para trabalhar o autoconhecimento e despertar nossa intimidade. Se acolha, se toque, converse, chore, ria. Se observe. Se questione. Mas preste atenção em seus sentimentos. Alerta: este exercício não é indicado para pessoas com depressão. Se houver algum incômodo, procure um psicoterapeuta de sua confiança.

Pegue um espelho de mão – se você tiver um de corpo inteiro, melhor ainda. Escolha um cantinho bem reservado de sua casa, no qual você consiga ficar apenas em sua companhia e de mais ninguém. Olhe dentro dos seus olhos e se encare. Se tiver vontade de chorar, chore. Se quiser gritar, grite. Deu vontade de rir? Então, ria. De pular? Pule. De dançar? Dance! Converse com você. Se olhe. Se enxergue. Seja sua melhor amiga.

Já viu gente que fala sozinha? Eu sou dessas. Dou risada de mim mesma, chamo minha atenção, me auto-oriento e me dou conselhos o tempo todo.

Vamos lá, comece falando para você – olhando dentro dos seus olhos – o que você acha de si mesma. O que você deseja para você?

Diga o que você acredita que pode estar te chateando ou o que você acha que está fazendo e que pode estar te atrapalhando. Se elogie.

Em voz alta e se encarando no espelho, fale das suas qualidades para você. Deixe saber o que você pensa de si mesma. Parece maluquice, mas não é. Fale com você com carinho e se acolha.

Cada vez mais, temos menos tempo para nos enxergarmos. Olhamos os outros e, por causa da correria do dia a dia, nos esquecemos de nos olhar. Não se deixe para trás – nenhum dia. Mesmo nos mais difíceis e corridos: se elogie e se valide diante do espelho.

Diga a você mesma que não importa o que falem. Você vai continuar acreditando em você e não vai desistir da mulher poderosa que é e que está buscando ser.

Quando a gente se autoelogia o cérebro fica tão empolgado que libera oxitocina, conhecida como hormônio do amor. Essa substância deixa a gente mais leve, mais feliz e mais produtiva. Autoamor. Seja gentil com você e se honre.

Então, vai lá e grita bem alto para você mesma: "Sua fada maravilhosa, você vai conquistar tudo o que deseja! Eu te amo e estamos juntas nesta vida maluca. E não tem ninguém que nos segure e nos coloque para baixo, porque estamos juntas nessa e vamos dominar o mundo com nossos planos!".

Nossa, o coração até palpita de tanto amor-próprio!

Se amar acima de tudo é o que fará você conquistar seus planos. Não tem olhar torto, nem cochicho, nem gente tóxica que resista ao amor-próprio, sabia?

Sai todo mundo da frente e o caminho fica livre para você ser o mulherão que você quer ser. Então se ame, poderosa!

Teste da autoconfiança

Uma pessoa te elogia, e você:
a) "Imagina, que é isso!"
b) Atribui seu sucesso ao universo, ao ecossistema, ao purê de banana-da-terra.
c) "Obrigada, eu também gostei do resultado!"

Alguém te interrompe, e você:
a) Fica calada e não retoma o assunto.
b) Retoma o assunto após a pessoa concluir.
c) Não se deixa interromper e pede para concluir o raciocínio.

Uma pessoa critica a roupa que você está vestindo e amando, e você:
a) Pensa em trocar a roupa e agradece pelo toque.
b) Continua com a roupa, mas nunca mais vai usá-la.
c) Decide continuar com a roupa porque o que importa é você gostar dela.

Alguém subestima seu sonho, e você:
a) Acha que anda sonhando alto mesmo e que é melhor manter os pés no chão.
b) Desiste do seu sonho por causa da opinião alheia.
c) Sente-se ainda mais desafiada a realizar seu sonho.

Pontuação:
a) 0.
b) 1.
c) 10.

Se você não conseguiu completar pelo menos 20 pontos, vamos melhorar essa autoestima e confiança para você se tornar protagonista do seu espaço e não deixar ninguém vir de sacanagem para o seu lado – nem no mundo corporativo, muito menos na vida pessoal.

Se você completou 30 pontos, vem, que vai aprender a completar 100 e não vai ter pra ninguém, porque a gente não está aqui pra ser passada pra trás, hein! Vamos!

CAPÍTULO 6
O QUE VOCÊ QUERIA SER QUANDO CRESCESSE?

Já falei que sempre quis ser jornalista, né? E não importava onde eu morava e nem se minha família teria ou não condições de me manter na faculdade. Quando a gente é criança, tudo é possível. Já reparou?

Eu adorava uma propaganda de suco de caixinha em que apareciam crianças falando de futuro e do que queriam ser quando crescessem. Elas nem titubeavam (assim como eu, se me perguntassem aos 6 anos o que queria ser quando crescesse): "Dona de uma fazenda de formigas!"; "Descobridor de outros universos!"; "Guerreiros contra a poluição!". Nenhuma criança teve medo de contar seu sonho. Nenhuma delas se desencorajou ou se preocupou com o que os outros poderiam falar e pensar. Todas elas foram certeiras e autênticas em expressar quais seriam seus planos, e isso tem um valor incrível.

Se você fechar os olhos agora e pensar no que queria quando era uma menina e o que sonhava, aposto que um monte de lembranças boas e engraçadas virá à sua mente. A menos que você tenha tido uma infância prejudicada por algum adulto medíocre que de alguma forma a tenha machucado – *e sinto muito se isso aconteceu; estou aqui por você!* Caso contrário, certamente você terá lembranças boas de sua infância e de seus planos mirabolantes.

Quando você é criança, nenhum fator limitante a impede de sonhar. Sua essência está ali, assim como a coragem para concretizar seus planos. Coragem para acreditar em si mesma. Nessa fase, a criança vive em uma bolha de conforto porque ainda não tem consciência sobre o sistema e suas opressões de gênero, raça, classe social... É por isso que a criança sonha sem limites, e revisitar esse lugar é libertador. Faça isso por você. Sonhe sem limites, porque o trabalho que você tem ao sonhar pequeno é o mesmo de quando você sonha grande. Resgate seus sonhos, planos e vamos juntas!

O sonho é só seu, entenda isso

Lembro que no cortiço onde passei a primeira infância morava uma senhorinha. Eu amava ir até sua casa para comer seus bolos e tomar café da tarde ouvindo suas histórias. Ela se chamava dona Antônia e era uma senhora negra de sorriso leve e uma mansidão que dava uma paz, uma sensação muito boa.

Quando eu chegava correndo na cozinha de sua casa, ela me pedia, com calma, para eu limpar os pés no tapetinho. Então, eu desacelerava e curtia aquele cheiro de doce vindo da panela no fogo: às vezes era doce de abóbora, de cascas de laranja, arroz-doce ou canjica.

Dona Antônia nunca decepcionava, mas... Me lembro da primeira vez que percebi que as pessoas nunca agradariam a gente o tempo todo. Eu estava falando para a dona Antônia sobre meus sonhos e que seria uma jornalista. Com uma escova em uma das mãos, simulei um microfone e fui entrevistá-la. Ela me olhou com um olhar bem sério e um semblante preocupado e me disse: "Minha filha, esse seu sonho nunca será possível. É impossível. Olhe para as condições de sua família e entenda, para não se machucar. Quem sonha alto tem um tombo ainda mais alto".

Fiquei impressionada com a invalidação daquela mulher que eu adorava e que tinha um coração bom. Eu sabia disso. Fiquei pensando em como ela teve coragem de me falar aquilo sem nem piscar. Quase acreditei que ela tinha razão. Então, voltei para casa e contei à minha mãe, que me falou como uma boa mentora: "De quem é o sonho? *Seu!* Então, só vai depender de você tirar ele daí e de pessoas que acreditem nele. Pare de ouvir quem não acredita em você. Muita gente acredita, e essas são as pessoas que importam. Mas você é a que mais importa. Você acredita? Então, pronto!".

Aprender a resgatar seus sonhos como quando você era criança e também a não ouvir os pessimistas é o que fará você realizar seus planos.

Os pessimistas podem ser pessoas que a gente ama, mas que, por algum motivo, pararam de sonhar. Talvez por medo de se arriscar, por tantos obstáculos e lutas sem vitória, por serem indivíduos limitados por causa de suas vivências etc. Não os julgue, apenas siga a sua jornada entendendo que o sonho é seu e que realizá-lo só depende de você.

Amadureci muito cedo porque tive de me fortalecer como irmã mais velha para ajudar minha mãe em casa.

Primeiro com minha irmãzinha e depois com meu irmãozinho. Eu cuidava deles para minha mãe poder trabalhar, e aos 14 anos comecei a trabalhar oficialmente.

Minha mãe conseguiu um emprego para mim em uma loja de utensílios domésticos em uma rua comercial na Lapa, em São Paulo. Eu fazia de tudo: ajudava as vendedoras e também trabalhava no estoque, no setor de pacote e no administrativo. Naquele lugar, aprendi a lidar com todo tipo de gente e ficava atenta observando como uma vendedora se diferenciava da outra – vendendo mais ou menos, conforme sua habilidade e vontade de mostrar e oferecer produtos aos compradores. Algumas não entendiam o perfil dos clientes e ofereciam produtos que não tinham a ver com eles, enquanto outras sondavam o consumidor, percebiam seu gosto e o que procuravam. Eu achava mágico uma pessoa comprar mais do que buscava inicialmente. Às vezes, alguém entrava na loja para comprar um jogo de copos e saía com um jogo de jantar completo e objetos de decoração. Então, eu fui me apaixonado por aquilo. Vender passou a ter ainda mais significado para mim. Vender sempre esteve em meu DNA, com pai vendedor e mascate, mãe e avós sacoleiras do Brás. O perfil de vendedora estava no meu sangue. Só precisava saber como aperfeiçoar essa habilidade.

Logo pedi demissão da lojinha de utensílios e, aos 15 anos, fui trabalhar como vendedora na loja Canal 27, que vendia roupas. Eu compunha um time de várias vendedoras, que precisava se organizar para atender os clientes. Chegada a vez de uma vendedora, era necessário identificar o que o cliente procurava e o que mais era possível oferecer – tomando cuidado para não o espantar e não demonstrar a importância daquela venda para bater a meta do dia ou do mês. Era preciso ter nervos de aço, inteligência emocional e transparência. Eu, por exemplo, nunca menti para uma cliente dizendo que ela ficava maravilhosa em uma roupa se achasse o contrário. Essa relação de confiança que fui construindo me fez conquistar uma carteira de clientes fiéis que me procuravam sempre – as quais, caso eu não estivesse na loja, voltavam mais tarde só para comprar comigo. Achava isso o máximo! Transparência nos relacionamentos é tudo, contribui para uma boa reputação e agrega valor independentemente do contexto ou de onde você estiver trabalhando.

Você é uma boa vendedora?

Se tem uma coisa que percebi desde cedo é que aprender a vender torna você ágil de diferentes formas. Independentemente da situação, você vai ter de saber vender. Seja um produto, seja uma ideia. Vender sua marca. Se vender para uma entrevista de emprego. Ou nas mídias sociais, caso você queira construir uma reputação de influenciadora em sua área. O tempo todo precisamos aprender a utilizar as ferramentas de venda a nosso favor. E quando não temos essa habilidade, temos de treiná-la. Vender precisa estar entre as habilidades técnicas de quem tem um plano e quer tirá-lo do papel. Não sinta vergonha. Se encoraje e aprenda.

Dicas para exercitar suas habilidades como vendedora

Esqueça o preconceito

Você pode ser uma empreendedora com ideias incríveis e ter todo o seu foco em criação e inovação, mas ninguém melhor do que você para saber como valorizar os atributos da sua marca ou do seu negócio. Então, crie um roteiro com tudo o que você identifica de especial, destacando os diferenciais competitivos de seu negócio, de sua própria imagem e jornada, para potencializar seu valor no mercado. Use isso a seu favor na hora de uma negociação, da criação de conteúdo para seus canais de comunicação e até na precificação de seu serviço ou produto.

Simule uma apresentação sua para seus amigos ou seu time

Prepare slides objetivos, construindo uma narrativa objetiva e que responda às seguintes perguntas:

- **O quê?** Do que se trata sua ideia ou negócio?
- **Como?** Como essa ideia ou negócio pode resolver um problema ou atender uma demanda?
- **Onde?** Quais os canais de presença desse negócio?
- **Por quê?** Conte por que esse negócio vale a pena e faz sentido, explicando seus diferenciais e potenciais.
- **Para quem?** Mostre qual o público-alvo a que se destina sua ideia de negócio.

Faça benchmarking antes de tudo!

Olhe para os principais concorrentes ou negócios similares ao seu ou à sua ideia e estude cada um deles. Qual é a lacuna deixada por eles? O que você pode fazer para que seu negócio se diferencie de alguma forma, com mais valor e propósito?

Agende reuniões de negócios ou cafés com possíveis clientes

Apresente-se. Apresente seu negócio e suas ideias. Ouça feedbacks e entenda qual a percepção do mercado e dos clientes potenciais sobre você e seu negócio. Adapte o que considerar pertinente, reveja seu roteiro de venda e siga em frente.

Intraempreendedoras

Minha iniciação profissional foi no varejo, mais especificamente em lojas de moda de shopping centers de São Paulo. Fui vendedora e gerente responsável de lojas como Canal 27, Khelf, Arezzo, MOB (antiga Mó Bethat), Forum e Triton. Trabalhava das 10 às 22 horas, comia correndo no estoque para não perder o movimento da loja nos fins de semana e sempre batia metas. As minhas. Eu nunca entrei em um emprego para cumprir tabela estipulada pela empresa, mas para cumprir os meus planos e bater as minhas metas, que geralmente eram mais audaciosas.

Eu me sentia dona dos espaços onde trabalhava e fazia de tudo para me destacar em cada um deles. Naquela época, eu precisava guardar dinheiro para fazer minha faculdade e meus cursos e ainda ajudar em casa. Era eu por mim mesma e meus planos mirabolantes. E, desde o início, a atitude de "intraempreender" nesses espaços me ajudou a olhar o mundo dos negócios com uma amplitude maior do que a relação funcionário *versus* empresa. O mais importante é que sempre tive espaço para atuar de forma intraempreendedora dentro das empresas em que atuei. Isso sempre trouxe resultados excelentes para mim, para o time e toda a empresa.

Intraempreendedorismo vem de *intrapreneur*, que significa o movimento de um indivíduo que pode empreender dentro de uma empresa em que trabalha.

O empreendedorismo intracorporativo atualmente é bastante valorizado pelas empresas que buscam inovações e talentos que vistam a camisa como donos do negócio.

Que tal intraempreender?

Você pode vender suas ideias internamente (dentro das empresas onde atua) sem precisar abrir mão de sua carreira executiva para fazer acontecer. Empreender, abrir um novo negócio depende de diversos fatores e *skills*, e muitas pessoas não têm preparo psicológico, físico e financeiro para bancar esse jogo. No Brasil somos milhões de empreendedoras, mas é importante entender em qual cenário e qual é a receita anual de cada uma dessas mulheres que abriram mão de suas carreiras para empreender.

Muitas foram catapultadas pelas empresas para fora do mundo corporativo após retornarem da licença-maternidade e não tiveram outra saída. Outras têm privilégios financeiros e podem se aventurar a empreender e, se nada der certo, dar um pulinho na Índia, fazer um ano sabático e depois voltar e assumir um novo cargo em uma empresa multinacional.

Mas a maioria das empreendedoras brasileiras de pequenas e médias empresas rala 24 horas por dia, 7 dias da semana. Dorme pensando nos boletos, na folha de pagamento, nos impostos surreais, nos clientes em atraso, nos funcionários que não performam. É um mundo de desafios que não contam para você. Então, antes de pedir demissão, analise tudo à sua volta. Tem espaço em sua empresa para que você se torne uma intraempreendedora? É possível que você lidere projetos com propósito e que resultem em sua ascensão profissional? É possível tocar um projeto paralelamente para sentir a temperatura do empreendedorismo antes de se jogar nesse universo? Por quantos meses você conseguiria se sustentar caso pedisse demissão e empreendesse – considerando que toda empresa precisa de no mínimo dois anos de investimento para gerar lucro e retorno?

A todas essas perguntas você precisa responder para não cair em uma vala que leva muitas mulheres à depressão e as faz perder tudo.

O "empreendedorismo de palco" não mostra os bastidores, e existem muitos experts na internet que nem empresa têm. São bons de discurso. Então, pé no chão e analise tudo à sua volta, especialmente se você estiver em um emprego com boa remuneração. Afinal, no mundo do empreendedorismo também tem inúmeros desafios, machismo, sexismo, assédio e oportunismo.

Se for para você aderir ao empreendedorismo, que seja consciente de tudo isso. Não caia em conto da carochinha. Já dei mentoria para muitas mulheres perdidas que largaram suas carreiras e que não tinham perfil para empreender e segurar esse pacotão de demandas que uma empreendedora no Brasil carrega. Não quero jogar um banho de água fria em ninguém. É minha forma de ajudar você a trabalhar com a realidade e pensar direitinho em qual cenário você realmente está disposta a atuar. Seja em qual for, conte comigo e com o Plano Feminino. Estamos juntas!

CAPÍTULO 7
MINHA LINHA DO TEMPO

Eu travei escrevendo este livro no momento em que coloquei em perspectiva a minha linha do tempo. A linha do tempo de minha própria vida. Eu, que hoje tenho um negócio com foco na criação de novas narrativas para propaganda, para que as mulheres não sejam estereotipadas. Eu, que criei um instituto, o Plano de Menina, para capacitar meninas de periferias do Brasil a serem protagonistas de suas histórias e romperem com padrões e estatísticas de casamento e gravidez infantil. Eu fui uma delas.

Aos 16 anos, eu já era vendedora de loja de shopping, tinha pulado muitas enchentes e estava no terceiro ano do ensino médio (colegial da época). Me sentia uma mulher madura. E isso se devia ao fato de eu ter de amadurecer rápido pela falta de privilégios, justamente por ser uma menina periférica, ter de cuidar da casa, dos irmãos e ver os pais lutando para nos sustentar – muitas vezes, sem sucesso. Eram tantas histórias que eu já carregava aos 16 anos... Meninas de famílias pobres se casam cedo, e nunca havia parado para pensar que eu fazia parte dessa estatística vergonhosa que existe no Brasil e no mundo.

Segundo a UNICEF (Fundo das Nações Unidas para a Infância), cerca de 650 milhões de mulheres pelo mundo se casaram antes do fim da adolescência, e **eu fiz parte desta estatística**. Imagine que **uma a cada cinco meninas está casada antes de completar 18 anos. São 23 a cada minuto deste número.**

Meninas de famílias pobres têm três vezes mais chances de se casar antes dos 18 anos do que meninas de famílias mais ricas, segundo dados de pesquisa divulgada pela Instituição Girls Not Brides. E, de acordo com dados do relatório da ONG Save The Children, o Brasil é o pior país da América do Sul para uma mulher nascer. O relatório avaliou 144 nações e o Brasil ocupa a 103ª posição do índice de oportunidades para garotas, se destacando como uma das nações que mais privam mulheres de oportunidades, minando sua autoestima para realizar seus planos.

Voltemos à minha história... Eu não estava grávida. Estava apaixonada. Apaixonada pelo meu marido – fui casada durante vinte e cinco anos – e apaixonada pela possibilidade de mais independência, autonomia e uma nova vida construída a partir de nossos esforços e empenho para fazer acontecer. Ele tinha uma condição socioeconômica melhor do que a minha e apenas 18 anos. Quem, em sã consciência, se casa nessa idade com os privilégios que aquele garoto tinha? E eu? Quem autoriza uma menina de 16 anos (com fogo da paixão) a se casar? Não dá para culpar ninguém. O histórico dos adultos à nossa volta era o mesmo. Logo, existia um clima de apoio e normatização do cenário. Minha mãe, que não concordava com aquela decisão, chorava e só sabia dizer: "Não para de estudar. Seja independente de macho".

Meu pai assinou os papéis no cartório, em silêncio. Ele já havia dito que discordava, mas, mesmo assim, autorizou. Era um clima de festa e interrogação: será que ela está grávida? Quanto tempo isso vai durar? Passaram-se os meses e não veio bebê algum. Casamos porque queríamos estar perto um do outro, e eu me sentia protegida por ele – sim, eu tinha 16 anos de idade! Era tudo novo e eu, às vezes, sentia falta do colo da minha mãe. Da comida dela. Do cheiro da minha cama e da minha casa com meus irmãos e nossas brigas. Da implicância da minha mãe com meu pai socando a colher bem no meio da travessa de maionese e estragando a estética do prato. Eu chorava. Chorava escondido. Mas a curva fora da estatística e o que me fez não sucumbir com esse histórico é que meu ex-marido sempre foi um parceiro. Isso me ajudou muito.

Sem me deixar pra trás

Uma das coisas que me salvaram naquele casamento foi a clareza que eu, desde cedo, tinha sobre quem eu era e aonde queria chegar. Foi muito importante deixar claro que eu estava casada porque o amava, mas que amava mais a mulher que sonhava ser e por quem eu estava lutando. Fui privilegiada em não entrar para outra estatística, a de mulheres que se casam especialmente nessa idade: ter os planos invalidados pelos maridos e serem espancadas a cada movimento de autonomia e protagonismo. O Brasil é o quinto país com maior índice de feminicídio no mundo. A falta de autonomia contribui para as mulheres se tornarem reféns de relacionamentos abusivos. Sem forças para sair da relação, elas desistem de seus planos.

Quantas mulheres perderam seus planos, sua vida, sua autoestima, seu mundo para homens machistas? Quantas se invalidam e são obrigadas apenas a servir e coexistir todos os dias de suas vidas?

Sou uma exceção, no entanto ter me casado aos 16 anos tirou de mim muita coisa importante, muitas histórias e experiências. Não posso romantizar essa minha trajetória porque se casar aos 16 anos não é normal. Vou lutar para que nenhuma menina siga por esse caminho antes de se conhecer, se capacitar e adquirir autonomia financeira e emocional. Quando essas estatísticas mudarem, mais e mais garotas vão se tornar mulheres líderes na vida pessoal e profissional.

É surreal perceber que eu construí meu legado e o modelo de negócios do Plano Feminino e do Instituto Plano de Menina com foco em libertar meninas e mulheres de padrões e pressões sociais que eu mesma havia vivido. É como se, consciente e inconscientemente, cada passo na minha jornada fosse um grito de guerra por mim e por todas nós. Sabe como?

Aos 21 anos, eu era mãe de um menino lindo, o Paulo Neto, estava casada havia cinco anos e com a cabeça cheia de planos. Mas e agora?

Uma mãe pode ter planos?

Aos 21 anos, eu descobri que, para o mundo corporativo, ser mãe era como ter um vírus contagioso e fatal. Eu buscava recolocação profissional como vendedora, operadora de telemarketing, recepcionista – enfim, o que eu conseguisse para poder pagar meus estudos e os boletos que já eram bem puxados. E tudo o que ouvia nas entrevistas de emprego era: "Por que você se casou tão nova?", "Por que teve filho tão cedo?", "Quantos filhos pretende ter até os 30?", "Quem vai cuidar do seu filho?", "Como você vai estudar e trabalhar se você é mãe?", "Como você vai conseguir viajar a trabalho?" e "Você engravidou acidentalmente? Não usou preservativo?".

Sim, essas perguntas e outras ainda mais constrangedoras eram feitas por homens e mulheres que me entrevistaram para vagas de emprego. E tudo o que eu sentia era uma ânsia, um medo, um estresse que percorria meu corpo e me arrepiava a espinha. Uma vontade de chorar e ao mesmo tempo um nó na garganta que me fazia responder aos questionamentos com a voz embargada. Eu focava apenas os olhares de julgamento e me esquecia da minha potência e de tudo o que eu era capaz de realizar e que já havia feito por mim até ali.

A empresa de recrutamento Catho realizou uma pesquisa que mostra a realidade das mulheres no mercado de trabalho após a chegada dos filhos: depois de se tornarem mães, elas deixam o mercado de trabalho cinco vezes mais do que os homens. A empresa pesquisou 13.161 pessoas e concluiu que 28% das mulheres entrevistadas deixaram o emprego após se tornarem mães, contra 5% dos homens. A pesquisa revela ainda que 21% das mulheres levam mais de três anos para retornar ao mercado de trabalho, contra 2% dos homens na mesma situação.

Será que em uma entrevista de emprego alguém pergunta para os homens se eles se preocupam com a casa e com seus filhos? Eu saía daquelas entrevistas devastada e tinha certeza de que não. Acho que a partir daquele dia nascia uma feminista – mesmo sem eu saber.

Ter filhos só potencializa nossas *skills*

Ter filhos deixa as mulheres mais inteligentes, segundo um experimento da Universidade de Richmond. Essa experiência mostrou que ratinhas de laboratório se tornaram caçadoras exímias depois de dar cria: as que nunca tinham sido mães demoraram 270 segundos, em média, para caçar um grilo escondido em um labirinto, ao passo que já tinham parido seus ratinhos eram cinco vezes mais afiadas: encontravam o grilo em cinquenta segundos.

Outro experimento feito pelo mesmo grupo, liderado pelo psicólogo americano Craig Kinsley, mostrou que as mães roedoras são mais calmas do que as donzelas: em situações de estresse, pois mostravam menos atividade neuronal no sistema límbico – a área do cérebro que engatilha o medo e a ansiedade. Ou seja, além de espertas, as ratas ficavam mais focadas depois de ter filhos. Para nós, humanas, o que se sabe e que o cérebro perde 7% de sua massa durante a gravidez. Mas, logo que nasce o bebê, a massa cinzenta volta ao normal, e com um upgrade: mais conexões entre os neurônios. É que aumentamos a capacidade de decifrar sentimentos, bem como o nosso poder de relacionamento interpessoal.

Preste bem atenção nesses números. E se você é mãe e, se em qualquer situação, for coagida a provar que ser mãe não vai te atrapalhar a desempenhar suas funções, seja lá onde for, responda bem plena e com embasamento científico! Ser mãe só potencializou suas *soft skills* e te tornou ainda mais maravilhosa.

Mas estávamos nos anos 2000, eu usava aqueles sutiãs medonhos de alças de silicone que queimavam a pele em exposição ao sol, calça de cintura baixa (que deixava sempre o bumbum à mostra) e bolerinhos, e ouvia de Evanescence a Banda Cine.

Não fazia ideia do que era feminismo. Nem racismo. Não sabia o que era sexismo nem misoginia. Só sentia náusea todas as vezes em que era submetida a entrevistas de emprego e precisava me expor de alguma forma. Eu saía da sala de entrevista me sentindo um nada, por ser mãe e ter me casado cedo e por não ter um histórico familiar de relevância no mercado. Ninguém da minha família era CEO de algum lugar ou tinha uma posição que pudesse ser um diferencial na hora da conversa. Eu não colecionava viagens internacionais no meu currículo e estava começando a faculdade. *Quem era eu na fila do pão?* Eu via essa interrogação nas expressões da testa de alguns entrevistadores quando eu ousava dizer o quanto era boa, focada, profissional e pronta para a vaga. *Quem é você, querida? Amada?*

Mas tinha algo que nenhuma daquelas pessoas podia tirar de mim: autoestima e uma teimosia genuína em acreditar em quem eu era e em quem eu queria me tornar. Eu transformei a náusea em indignação, e essa indignação em força. Vou te contar como.

Pega isto pra você

Para você que, como eu, não conhecia nenhum dos termos a seguir, mas vivia todas eles no dia a dia e se sufocava, compartilhe-os com outras mulheres. A ignorância nos cega e nos sufoca. Precisamos entender sobre essa sociedade e cada uma dessas palavras. Elas são carregadas de muita luta, opressões e significados. Compreendendo-as a fundo, teremos mais condições de lutar por nossos direitos e pelas mulheres que queremos nos tornar – todos os dias.

Feminista

Se você acredita na igualdade social, política, econômica e sexual entre os gêneros e que, especialmente, mulheres merecem ter os mesmos direitos do que os homens, adivinhe: VOCÊ É FEMINISTA.

> Sempre fui feminista. Isso significa que eu me oponho à discriminação das mulheres, a todas as formas de desigualdade baseadas no gênero, mas também significa que exijo uma política que leve em conta as restrições impostas pelo gênero ao desenvolvimento humano. **(Judith Butler, filósofa americana, defende que a identidade é dada pelo gênero, e não pelo sexo)**

Feminista negra

Quando falamos de igualdade de gênero e lutamos por mais mulheres em cargos de liderança, pelos direitos das mulheres de ganharem os mesmos salários, entre outras pautas, obviamente não estamos falando da mulher negra que, no Brasil, está na base da pirâmide e é a que mais sofre com questões de gênero e raciais. O feminismo negro é uma vertical do feminismo que luta por pautas urgentes das mulheres negras, para que elas tenham visibilidade e voz na sociedade.

> A invisibilidade da mulher negra dentro da pauta feminista faz com que ela não tenha seus problemas nem ao menos nomeados. E não se pensa em saídas emancipatórias para problemas que nem sequer foram ditos. **(Djamila Ribeiro, filósofa, escritora e feminista negra, tornou-se famosa por seu ativismo na internet)**

O feminismo é a noção radical de que as mulheres são seres humanos. **(Cheris Kramarae, educadora americana, com estudos voltados à questão de gênero)**

Os preconceituosos ladram, mas a caravana passa. **(Maria Júlia Coutinho, jornalista)**

Machismo

O machismo se baseia na desvalorização da mulher na sociedade, subestimando sua capacidade de realizações pessoais, profissionais e sexuais, apenas pelo fato de ser mulher. O machismo posiciona o homem como ser superior, acreditando que a mulher deva exercer um papel de submissão e subserviência. Para o machismo as mulheres não têm o direito de ser livres em suas escolhas – e, sempre que são livres, são julgadas, estereotipadas e sexualizadas.

Racismo

O racismo é o preconceito e a discriminação com base em diferenças biológicas entre os povos, como raças e etnias.

Fui criada para acreditar que a excelência é a melhor forma de dissuadir o racismo e o sexismo. E é assim que oriento a minha vida. **(Oprah Winfrey, jornalista americana, apresentadora de um famoso programa de televisão, por meio do qual defende os direitos das minorias, entre elas mulheres e negros)**

Antirracista

Ser antirracista é lutar contra o racismo. Em todas as suas formas, espaços e manifestações. É reconhecer seus privilégios e lutar pela inversão da pirâmide social de opressão.

Numa sociedade racista, não basta não ser racista, temos de ser antirracistas. **(Angela Davis, filósofa americana, militante pelos direitos da população negra nos Estados Unidos e em todo o mundo)**

Sexismo

O sexismo afeta, na maioria das vezes, meninas e mulheres. Trata-se da discriminação de gênero ou sexo de uma pessoa.

Algumas pessoas acham que eu deveria falar da minha luta em vez de voltar os holofotes para o problema central. Talvez eu esteja sendo presunçosa, mas eu assumo que seja óbvio que as mulheres em todas as posições lutam por igualdade. Todas já foram discriminadas ou assediadas. O sexismo é real. **(Scarlett Johansson)**

Misoginia

Misoginia é o ato de desprezo às mulheres e meninas que pode ser manifestado de várias formas, como: objetificação sexual, discriminação sexual, exclusão social, hostilidade, entre outros atos que diminuam, machuquem e invisibilizem as mulheres.

Feminismo é odiado porque as mulheres são odiadas. Antifeminismo é uma expressão direta de misoginia; é a defesa política do ódio às mulheres. **(Andrea Dworkin)**

Xenofobia

Xenofobia é a aversão às pessoas que vêm de fora do seu país, com cultura, hábitos, raças ou religiões diferentes.

A única maneira de vencer a xenofobia é pela linguagem. Espontaneamente, nós gostamos daquilo que é semelhante. Para gostar do diferente, é preciso ouvi-lo. **(Betty Milan)**

Homofobia

Homofobia é a aversão em relação a pessoas homossexuais, bissexuais e, em alguns casos, contra transgêneros e intersexuais.

A razão pela qual intolerância, sexismo, racismo, homofobia existem é o medo. As pessoas têm medo de seus próprios sentimentos, medo do desconhecido. **(Madonna)**

Gordofobia

É a aversão à gordura e às pessoas que estão acima do peso, fazendo que se sintam inferiores aos outros. O termo entra em pauta para identificar o preconceito que indivíduos gordos sofrem na vida afetiva, social e profissional.

Estamos falando de acesso. Uma pessoa gorda não acha roupa com facilidade, não cabe nas cadeiras, não cabe no avião, entre outras situações do cotidiano vexatórias. **(Alexandra Gurgel)**

Faça o teste a seguir.

Você é feminista?

( ) Acredita que mulheres e homens precisam ter os mesmos direitos?

( ) Concorda que mulheres ganhem 30% menos do que os homens, porém exercendo a mesma função?

( ) Acha normal uma mulher ser invalidada no mercado de trabalho por ser mulher ou mãe?

( ) Acha normal mulheres serem assediadas em todos os lugares por suas roupas ou simplesmente por existirem?

( ) Você concorda que homens precisam dividir as tarefas de casa com as mulheres?

Se você assinalou a primeira pergunta, você já é feminista. Busque mais informações, pesquise e não acredite em fake news. Informe-se e lute pelos seus direitos e pelos de outras mulheres. Use os seus privilégios para ajudar outras mulheres a realizarem seus planos.

CAPÍTULO 8
PREPARE-SE PARA HACKEAR O SISTEMA

Na família e na sociedade

Quando você se descobre feminista, é como se um "radar antiembuste" se instalasse em sua mente. Você nunca mais será a mesma. A ficha cai e tudo passa a fazer sentido assim que você descobre que estão conectados todo o sufoco, o aperto no peito, as noites maldormidas, as chateações do churrasco em família no fim de semana e as acusações de que você é louca.

Sabe quando aquele marido ou mulher não compartilha as tarefas de casa com você, te deixa sobrecarregada e culpada (afinal, você é a responsável da casa), dizendo: "Nossa, esta casa está uma bagunça! Você precisa se organizar melhor"?

Sabe quando aquele parente aponta para sua vida profissional e faz piada com a sua vida conjugal porque você precisa viajar, afirmando: "Quem não dá assistência abre espaço para concorrência"?

Sabe quando aquele colega de trabalho descobre que você vai representar a empresa em uma viagem e, imediatamente, dispara: "Mas quem vai ficar com seus filhos?"?

Nessas e em outras situações você percebe que todas essas provocações, sejam elas conscientes ou não, são fruto de uma sociedade machista e patriarcal que insiste em nos impor o papel de mulher "bela, recatada e do lar".

No texto "O anjo do lar", da década de 1930, a escritora Virginia Woolf conta sobre a agonia de ser uma mulher cheia de planos e ter de lidar com a concepção de mulher na qual a sociedade a queria encaixar. Ela diz que, enquanto o escrevia, matou a ideia do "anjo do lar" que insistia em aprisioná-la:

> E, quando eu estava escrevendo aquela resenha, descobri que, se fosse resenhar livros, ia ter de combater um certo fantasma. E o fantasma era uma mulher, e quando a conheci melhor, dei a ela o nome da heroína de um famoso poema, "O anjo do lar". Era ela que costumava aparecer entre mim e o papel enquanto eu fazia as resenhas. Era ela que me incomodava, tomava meu tempo e me atormentava tanto que no fim matei essa mulher. Vocês, que são de uma geração mais jovem e mais feliz, talvez não tenham ouvido falar dela – talvez não saibam o que quero dizer com o Anjo do Lar. Vou tentar resumir. Ela era extremamente simpática. Imensamente encantadora. Totalmente altruísta. Excelente nas difíceis artes do convívio familiar. Sacrificava-se todos os dias. Se o almoço era frango, ela ficava com o pé; se havia ar encanado, era ali que ia se sentar – em suma, seu feitio

era nunca ter opinião ou vontade própria, e preferia sempre concordar com as opiniões e vontades dos outros. E acima de tudo – nem preciso dizer – ela era pura. Sua pureza era tida como sua maior beleza – enrubescer era seu grande encanto. Naqueles dias – os últimos da rainha Vitória – toda casa tinha seu Anjo. E, quando fui escrever, topei com ela já nas primeiras palavras. Suas asas fizeram sombra na página; ouvi o farfalhar de suas saias no quarto. Quer dizer, na hora em que peguei a caneta para resenhar aquele romance de um homem famoso, ela logo apareceu atrás de mim e sussurrou: "Querida, você é uma moça. Está escrevendo sobre um livro que foi escrito por um homem. Seja afável; seja meiga; lisonjeie; engane; use todas as artes e manhas de nosso sexo. Nunca deixe ninguém perceber que você tem opinião própria. E principalmente seja pura". [1]

É fundamental que você entenda o jogo do machismo e do patriarcado, olhe à sua volta e recalcule a rota. Merecemos relacionamentos e espaços nos quais possamos compartilhar tarefas e momentos felizes, em que possamos ser respeitadas e nos sentir valorizadas. E esses espaços existem. Essas pessoas existem. Não se diminua para caber na vidinha medíocre e machista de ninguém.

Para hackear o sistema e se tornar líder de sua vida é preciso identificar pessoas tóxicas e fazer uma limpeza geral – seja encerrando relações, seja ressignificando, agora com você consciente da mulher que quer se tornar e da mulher poderosa que é. É imprescindível você saber o que merece

---

1. Trecho de: WOOLF, V. *Profissões para mulheres e outros artigos feministas*. Tradução de Denise Bottmann. Porto Alegre: L&PM Pocket, 2012.

ou que passar nessa vida e conhecer os movimentos e aprisionamentos que têm nome e sobrenome. Nunca deixe nada nem ninguém enfiar você em caixinhas. Você nasceu para ser livre de padrões e ser dona de sua história.

Tornar-se feminista é doído e intenso, dependendo do lugar de fala e da classe social em que você está inserida. Se você for uma mulher com autonomia financeira, livre de relacionamento abusivo e com a saúde mental em dia, vai ser mais fácil. Mas se for uma mulher periférica, que vive um relacionamento abusivo e depende financeira e emocionalmente de alguém, vai precisar de muita estratégia, esforço e rede de apoio para sair desse lugar e voar livre como merece. Busque apoio e independência financeira, crie uma rede de aliados para poder agir. Mas, independentemente de classe social, se você sofrer qualquer tipo de violência física ou psicológica, denuncie no 180. Fuja. Não espere.

Pressões por ser mulher, mãe e executiva

Depois de encarar entrevistas bizarras e, finalmente, conseguir me tornar uma executiva, precisei enfrentar pressões ainda maiores.

Lembro-me de quando comecei a trabalhar em um cargo na área de marketing e precisava viajar bastante. Bastante mesmo.

Eu vivia "dentro da mala" – essa era a expressão que alguns de meus familiares gostavam de dizer para, de certo modo, me lembrarem de que eu tinha uma família, com a qual, na visão deles, eu estava sendo displicente. Eu sempre escutava dos outros: "Isso não é trabalho para mulher casada. Cuidado com o marido, viu?", "Sua casa é a estrada, né?", "Seu marido pensa o que disso tudo?", "Se eu fosse seu marido, você não seria assim", "O pai que cuida do filho, tadinho". Esse tipo de opinião me fazia sentir o peso de arrumar as malas quando precisava viajar – toda semana praticamente. Nesses momentos, eu me sentia mal e achava que estava sacaneando meu marido – que sempre foi meu amigo e parceiro – e, o pior, que estava abandonando meu filho por egoísmo. Afinal de contas, por que eu queria tanto uma carreira de sucesso? Eu ia viajar com peso na consciência e chorava ao chegar ao aeroporto.

Mas, assim que o avião decolava, eu olhava para o céu e aquele monte de nuvens parecendo algodão-doce e me lembrava do meu sonho de menina em ser a mulher que eu estava me tornando. Então, eu parava de chorar e pensava: *Está tudo bem, estamos bem e estamos conseguindo ser a mulher que sempre sonhamos ser.*

Percebe que, quando a gente volta a nossa essência, propósito e missão de ser quem nós desejamos ser, não existe nenhum tipo de opressão e julgamento que nos faça parar?

Faça isso você também. Sempre que houver alguma situação em que te coloquem em dúvida sobre quem você é e o que está fazendo, volte e olhe para o seu sonho, seu plano, o porquê de fazer exatamente o que está fazendo, e a resposta virá. Você não precisa trabalhar com a culpa de ser a mulher que sonha em ser protagonista de sua história. Livre-se dessa culpa e foque o seu plano.

Não se culpe, não se culpe.

Em busca de emprego ou de clientes

Saber o que você tem de valor e quais são suas principais habilidades – as que mais te fazem se destacar – é extremamente importante para conquistar clientes ou uma boa colocação profissional. Lembra que falamos sobre saber vender suas ideias e aprender a fazer isso construindo uma narrativa poderosa de sua história? Essa técnica se chama *storytelling*, *storydoing*, e é usada em vários cenários, especialmente no mundo da propaganda e do marketing.

Storytelling é a habilidade de contar histórias utilizando técnicas narrativas envolventes, assim como recursos audiovisuais. Você pode construir a sua história destacando suas principais potências, habilidades técnicas e emocionais de forma criativa para que as pessoas compreendam e se conectem de forma mais eficaz com você.

Storydoing é a técnica de colocar o *storytelling* em ação, entregando maior conexão e valores defendidos pela sua marca. Afinal, melhor do que contar uma boa história é realizá-la!

A ideia aqui é, no entanto, você usar essas técnicas para apresentar sua jornada profissional, destacando suas habilidades técnicas e emocionais. Faça um *storyboard* e elabore um mapa mental desse roteiro para que você fique hábil em contar sua história.

A gente vive se autossabotando – inclusive, já falamos sobre a síndrome do impostor e do quanto ela nos impede de realizar, né? Então chega!

No mundo do networking

Lembro da primeira vez que usei Facebook e Twitter – na época em que nem se ouvia falar de LinkedIn – para me conectar com alguns profissionais que eu admirava e com quem queria muito poder tomar um café e compartilhar planos. Estávamos em 2008. Andava saturada depois de anos no mundo corporativo e queria novas possibilidades de ampliar meus conhecimentos e minha rede de contato. Achei o Facebook ótimo para isso, ou seja, para fazer networking. Desde que o mundo é mundo, os homens fazem networking, que nada mais é do que estabelecer contatos de trabalho e fazer conexões com base em interesses profissionais, na tentativa de construir uma relação de ganha-ganha. Mas quando nós, mulheres, entramos no jogo, tudo muda. Nossos corpos muitas vezes são considerados barganha.

Na tentativa de fazer diversos contatos profissionais, por mais que eu estabelecesse uma narrativa extremamente focada em business, era mal interpretada. Muitas vezes, recebia convites para jantar seguidos de: "Vamos nos conhecer melhor"... Nós, mulheres, precisamos ter estômago para hackear o sistema machista e sexista da estrutura patriarcal na qual vivemos. Para isso, precisamos saber *quem somos na fila do pão* e nunca recuar.

Existem diversas pesquisas e depoimentos de mulheres relatando o assédio sofrido no meio corporativo, sobretudo em plataformas como o LinkedIn. Em geral, são homens que insistem em transformar um negócio sério e conexões de negócios em "encontros". Diga não, sem piscar.

Sempre tratei esse tipo de situação de forma bastante direta, dando nome ao que estava acontecendo: "Eu quero falar de negócios e você está me assediando! Acha isso engraçado? Normal? Gostaria que fosse com você? Se continuar, terei de denunciá-lo!". Eu perdia o contato de negócios, mas não a minha dignidade, e jamais recuava. Não me intimidava. Seguia em frente buscando contatos.

Use o LinkedIn e outras plataformas, dependendo do seu modelo de negócios ou carreira, para se conectar com pessoas interessantes e inspiradoras e que estejam alinhadas com os seus propósitos.

Eu, por exemplo, fiz uma lista com o nome de dez mulheres que tinha muita vontade de conhecer. Elas me inspiravam muito, então resolvi entrar em contato com cada uma delas por meio das redes sociais para compartilhar a minha ideia de criar o Plano Feminino. Três delas hoje são minhas amigas. Elas já eram CEOs de suas empresas, enquanto eu ainda estava me construindo. Então, não tenha medo de fazer networking. Construa sua rede com base em sua verdade e em seus planos.

No mundo do empreendedorismo

Nunca inicie um negócio sem antes ter calculado todos os riscos e oportunidades. Crie suas próprias metas e jamais se compare com os outros. Faça uma rede de fornecedores e parceiros com o propósito alinhado com o de sua empresa. Não tenha medo nem deixe o ego impedir você de tomar decisões. Se precisar recuar, recue. Se precisar desistir, desista e recomece.

Entre no jogo preparada para tudo. Tenha um fluxo de caixa que ajude você a se sentir segura para iniciar. Eu não tinha muito e perdi bastante dinheiro tomando decisões e fazendo parcerias e sociedade erradas, após as quais eu recuei por inúmeras vezes e praticamente quebrei. Então, se possível, antes de iniciar uma sociedade, estabeleça parcerias de negócios para sentir a forma de trabalho das pessoas.

Mantenha-se atenta a tudo dentro de sua empresa – marque presença e deixe seus funcionários saberem quem é a dona do negócio – sem medo de parecer arrogante. Muitas vezes, eu deixei de lado a importância de assumir as rédeas e dar nome a mim mesma dentro da empresa para agradar funcionários e sócios. Eu achava que soava arrogante dizer que eu era CEO da minha própria empresa – apesar de eu tê-la criado sozinha e de tê-la planejado e nela investido com tanto suor. Às vezes, a gente acredita que abrir mão de nossa história em prol do que os outros vão sentir é mais confortável e mais fácil, mas não é. Deixe claro sua posição hierárquica, sua história e o seu compromisso com sua empresa, além do papel de cada colaborador, inclusive de quem pode ou não ser porta-voz dela.

Quando a gente está começando, costuma não dar a atenção necessária a detalhes importantes e que definem o território, os valores e a reputação da empresa. Construa sua marca pessoal e de sua empresa, com base no propósito que a fez criá-la. Mostre a cara para o mercado e lembre-se de vender. Sem isso, nada funciona.

E coloque tudo em contratos. Na empolgação, a gente faz muita idiotice. Acredite.

SWOT

A análise SWOT é uma ferramenta que vai ajudar você a mapear os fatores internos e externos que interagem de maneira positiva ou negativa com a sua empresa. Ela é composta de quatro quadrantes: *Strengths* (Forças), *Weaknesses* (Fraquezas), *Opportunities* (Oportunidades) e *Threats* (Ameaças).

- **Pontos fortes.** O que mais te faz ser competitiva no mercado diante da concorrência?
- **Pontos fracos.** Quais os fatores e dificuldades que te impedem de avançar?
- **Ameaças.** Quais os fatores internos e principalmente externos que podem te atrapalhar?
- **Oportunidades.** Qual o seu melhor para tornar sua empresa mais competitiva?

Em um novo cargo na empresa

Quando você recebe uma promoção, a vozinha que ouve da autossabotagem te faz pensar que a qualquer momento você será descoberta por não possuir as habilidades necessárias para ocupar aquela posição. Ou que profissionais melhores poderiam estar em seu lugar. Que o seu inglês nem está tudo aquilo. Que isso e aquilo. Quem nunca?

Para ocupar posições de liderança, você precisa trabalhar suas habilidades emocionais que chamamos de *soft skills*, mas que – sempre falo – são *power skills*. As habilidades técnicas você pode treinar e melhorar, mas se não tiver inteligência emocional e autoestima estará sempre dando ouvido à vozinha que a diminui.

Então, comece a acreditar em quem você é e em sua história. Ela tem valor e cada aprendizado valeu a pena e a transformou nessa mulher maravilhosa. Acredite e mande essa vozinha embora. Valorize o que você tem de melhor e vai para cima, sem medo. Se der medo, vai com medo mesmo.

Quando recebi as primeiras promoções nas empresas em que trabalhava, sentia medo de falhar. Medo de não dar conta do recado. Medo das reuniões em inglês, porque eu não falava tão bem quanto meus pares e me comparava sempre. Isso me impedia de ser ouvida, de me posicionar melhor, mesmo com as grandes ideias e estratégias que eu levava para a companhia. No fim das contas, elas eram roubadas por meus pares, que tinham autoconfiança e me ouviam sussurrar essas ideias e simplesmente as reproduziam. Já aconteceu com você?

Certo dia, decidi que isso não aconteceria mais e fui para a reunião preparada para aumentar meu tom de voz, falar em inglês do jeito que dava, porém não desistir de mim. *E deu certo!*

Meu time me elogiou e meu superintendente também. Me senti confiante e nunca mais deixei que me interrompessem, pegassem minhas ideias ou que eu recuasse diante da vozinha da insegurança.

Ser uma líder também é ouvir as pessoas de sua equipe e preparar os profissionais para uma possível sucessão em alguns anos. Uma líder não oprime seu time. Não se amedronta diante de profissionais talentosos que estão sob sua liderança, mas os apoia e os utiliza para otimizar os processos e as entregas. Apoie sua equipe. Pense em diversidade na hora de fazer contratações e seja ponte para que os talentos se conectem e gerem grandes resultados.

CAPÍTULO 9
FAÇA SUA REDE DE CÚMPLICES DE PLANOS

Gosto de seguir contando um pouco sobre a minha infância e a "quebradeira" para realizar pequenos grandes planos, porque percebi, depois de alguns anos, que cada aprendizado naquele perrengue contribuiu para eu me tornar a mulher que sou hoje.

Se você olhar com carinho as quebradeiras da sua vida, vai perceber que tudo contribuiu para que você se tornasse uma mulher poderosa ou destruída pelo ressentimento. E a resposta só a gente pode escolher. Eu poderia ter guardado da minha infância apenas as cenas em que via minha mãe e minha avó desesperadas e sem grana para pagar o aluguel. Poderia falar dos dias em que não tinha comida suficiente. Mas eu preferi focar nas soluções que via aquelas mulheres encontrarem para cada situação. Desde cedo, como já contei, aprendi a entender o poder de construir uma rede de apoio.

Lembre-se: "Quem tem amigo, tem tudo!". Essa era a frase preferida da minha avó. Ela sabia, como ninguém, formar uma rede e ter cúmplices para seus planos, fosse com sua carteira de clientes – que nunca a deixavam na mão e sempre compravam seus doces e bolos –, fosse com os donos das vendinhas de nosso bairro – que nunca negaram vender fiado para ela.

Confiança – respeito – palavra
integridade – admiração – ética

Essas são as palavras-chave que norteiam a construção de uma rede de cúmplices. Minha avó e minha mãe tinham essa rede de clientes, fornecedores e torcedores, porque elas cumpriam sua palavra. Elas pagavam assim que podiam. Respeitavam seus clientes vendendo sempre o melhor produto. Cobravam um preço justo por seus serviços e a tabela servia para todos.

O profissionalismo e a integridade das duas geravam admiração e inspiravam todos à sua volta. Para criar uma rede de cúmplices, a gente precisa ser autêntica e honesta com as pessoas. Minha mãe e minha avó podiam até não pagar a vendinha na data combinada e enrolar esperando ganhar mais dinheiro com as mercadorias que vendiam, mas elas honravam a palavra delas e despertavam confiança.

Elas poderiam vender produtos de baixa qualidade e usar ingredientes de segunda linha, mas isso nunca foi uma hipótese, porque elas respeitavam seus clientes. Elas poderiam cobrar um preço diferente de cada pessoa; afinal, nem internet existia naquela época e os bairros eram distantes de uma clientela para a outra. Sabiam que uma cliente tinha condições de pagar mais ou menos do que a outra e que por isso poderiam cobrar outro valor, mas isso acabaria com a integridade delas, o que nunca foi negociável. Cresci vendo essas duas mulheres sempre se virando e aprendendo que dava certo, que sempre tinha uma saída. Esses foram os principais flashes que mantive em minha mente.

Em 2009, eu estava bem posicionada em uma empresa da área de saúde. Era supervisora de comunicação integrada e gerenciava uma equipe. O meu salário era bom e eu tinha um caminho de sucesso. Mas queria estudar porque enxergava oportunidades em um mercado muito preconceituoso. Então, decidi fazer um MBA, pois sabia que o modelo de propaganda daquela época estava fadado ao fracasso. Acreditava que os nossos corpos não poderiam ser objetificados eternamente para vender cerveja ou qualquer outro produto. Se as pesquisas da época mostravam que 80% do poder de decisão de compra estava nas mãos das mulheres, era hora de enxergá-las de forma diferente.

Eu idealizava que as propagadas começassem a considerar a inserção de mulheres e homens negros em peças publicitárias, mas sem carregar estereótipos de pobreza, por exemplo, para vender cesta básica. Eu queria, também, que as mulheres deixassem de ser petiscos, atraindo a venda de cerveja com seus corpos servidos na bandeja para homens se deliciarem enquanto bebiam.

No MBA criei o meu primeiro negócio, o Plano Feminino, que completou dez anos em 2020. Trata-se de uma consultoria para marcas, com foco em gênero e raça, para tornar as mulheres protagonistas de novas narrativas, ressignificando estereótipos e padrões que invisibilizam mulheres reais. Afinal, a propaganda e a mídia apresentavam sempre os mesmos padrões de beleza: mulheres brancas, magras, de cabelos lisos e altas. Todas em um lugar de submissão: no banco de carona.

Decidi provocar a propaganda a construir um diálogo de inclusão e visibilidade para todas. A gente pode beber cerveja e ser protagonista de uma campanha. A gente pode dirigir e faz isso com maestria. A gente não é só a pessoa que fica no banco do carona! A gente não é só peito e bunda e nem petisco para compor campanhas de bebida. E não merecemos matérias que nos aprisionem, mas que nos libertem.

Com essa provocação, coloquei minha ideia criativa em pé e comecei a construir meu negócio paralelamente ao meu trabalho. Não tinha mais a mínima vontade de continuar nele... mas continuava atuando entregando resultados incríveis para a empresa – porque eu era comprometida e honrava a nossa marca! Uma diretora de marketing, por sinal, passou a me perseguir depois que lancei minha empresa. O clima ficou pesado, porém segui em frente.

Por meio do Plano Feminino queria provar que não existia "licença poética" para ser machista, racista, homofóbico e diminuir as pessoas. Queria provar para o mercado que valia a pena falar direito conosco, mulheres. Além de o poder de compra estar nas nossas mãos das mulheres, também somos, hoje, maioria nas universidades. Somos reais e merecemos e exigimos voz.

Ao desenhar o modelo de negócios da minha empresa, percebi que ele era robusto diante da grana necessária e que eu precisaria de uma rede de cúmplices para colocar a empresa em pé.

A primeira coisa de que me lembrei foi do exemplo de rede que aprendi cedo com as mulheres da minha casa. Comecei a rascunhar e analisar quem seriam os cúmplices do meu negócio. Fui atrás das melhores pessoas em TI, designer, conteúdo e marketing. Contei sobre o meu projeto para cada uma delas com a mesma paixão que minha avó demonstrava ter ao explicar o número de ingredientes que ela usava em sua receita de coxinha ou de bolo. Eu era a dona real e oficial daquele projeto e precisava vender minha cria e provar o quanto ela era importante para o mundo. Então, elaborei uma apresentação sobre o Plano Feminino e suas frentes de negócios, que envolviam os pilares de consultoria, educação e conteúdo. Essa apresentação continha, ainda, números sobre mercado e mostrava minhas forças e oportunidades, evidenciando que se tratava de um negócio com propósito e que se diferenciava. Consegui montar uma rede de pessoas aliadas!

Eu não tinha condições financeiras para pagar um grande time desenvolvedor. Mas podia fazer permuta, oferecendo minha expertise em marketing para que cada profissional envolvido em meu projeto pudesse melhorar sua própria marca e sofisticar seus produtos por meio de minha consultoria. Trocamos expertises e nascia daí um formato de fazer acontecer que não dependia de dinheiro, mas de confiança e de cooperação. Colocamos o meu site no ar e, em menos de trinta dias, já estávamos em portais nacionais contando sobre o Plano Feminino.

Nossa rede de cúmplices funcionou como uma orquestra sinfônica e eu precisava saber o que fazer com o emprego que ainda levava no horário comercial. Sim, eu fiz todo o Plano Feminino nas madrugadas e nos fins de semana; afinal, eu não poderia comprometer meu trabalho e os resultados de minha gestão na empresa por algo que ainda estava saindo do papel.

CAPÍTULO 10
DEMITIDA COM SUCESSO

O fato é que eu nem tive muito trabalho para resolver o dilema emprego *versus* empreender.

A diretora da empresa na qual eu trabalhava me ajudou a tomar a melhor decisão de minha vida. Sempre dividia com ela cada passo do meu projeto porque acreditava que ela torcia pelos meus planos. Ledo engano... Acho que, a cada passo que eu dava, ela pensava em como me catapultar para fora daquela empresa. Hoje eu dou risada porque sei que tudo era para ser desse jeito, para eu poder me tornar a mulher que sempre sonhei ser e hoje sou, mas, naquela época, eu me senti uma idiota completa. Me senti apunhalada pelas costas. Você já passou por isso?

Eu me lembro de que estava mega-animada com o início do Plano Feminino e dividia muito das informações de nossas conquistas, quando percebi que estava sendo sabotada. Infelizmente nós, mulheres, ainda competimos muito entre nós. Sentimos uma dificuldade enorme em torcer umas pelas outras. Falta cumplicidade e irmandade e precisamos falar sobre os golpes e toda a toxicidade que acostumamos viver por causa do machismo e do patriarcado. O tempo todo somos colocadas umas contra as outras, como inimigas, e isso é terrível.

A sororidade é a irmandade entre as mulheres e precisamos fortalecer nossas alianças no mundo pessoal e profissional. Precisamos voltar a confiar umas nas outras e nos apoiar. Uma sobe e puxa a outra. Seja leal a uma mulher toda vez que puder, mas, obviamente, fique muito atenta sempre, porque caráter não é uma questão de gênero. Em seu caminho vão aparecer, sim, mulheres que podem passar você para trás, te chatear, te fazer desacreditar da possibilidade de serem unidas, mas não desista. Afaste-se de pessoas tóxicas e construa a sua rede de confiança.

As cobranças na empresa em que eu trabalhava – mesmo os meus resultados sendo os melhores sempre – começaram a aumentar e os prazos de entrega a diminuir. Eu entregava, mesmo sendo obrigada a virar madrugadas para cumprir prazos surreais. Até que entendi qual era o jogo: eu estava sendo pressionada a abrir mão de meu cargo e a pedir demissão porque havia iniciado um negócio com jornada paralela. Mesmo não comprometendo os resultados da empresa, aquilo incomodava. Decidi que permaneceria no cargo até a empresa me desligar, e isso aconteceu rápido. Comemorei, porque o valor da minha rescisão me ajudaria a investir mais em meu negócio.

CAPÍTULO 11
TCHAU, CARTEIRA ASSINADA. OI, VIDA EMPREENDEDORA!

Dei tchau ao mundo corporativo e ao quentinho confortável da carteira assinada, certa de que faria o meu máximo para nunca mais voltar. Sabia que para realizar grandes desafios eu precisaria sair da minha zona de conforto – se eu permanecesse nela, não conseguiria explorar o meu melhor. É no desafio, no jogo duro, nos tropeços que a gente se molda e cria oportunidades de realizar grandes planos.

Ter a oportunidade de focar 100% em meu negócio fez toda a diferença. Em abril de 2010, trinta dias depois de lançar meu plano no mercado, começava de fato minha vida empreendedora. Eu me sentia desafiada, mas pronta para usar as minhas ideias e meus planos a meu favor e em prol de levar mais propósito ao mercado da propaganda brasileira.

Estava focada em meus negócios e decidida a modelar os produtos da minha empresa. Como só no mundo dos "empreendedores de palco" tudo é perfeito, logo comecei a sentir o peso de não ter mais a carteira assinada e de precisar manter minha rede de cúmplices saudável.

Depender de clientes que paguem em dia. Fechar negócios saudáveis financeiramente. Pagar equipe. Pagar despesas. Pagar impostos. Pagar tudo. *Socorrooooo.*

Tínhamos clientes pequenos, e a receita ainda era bem tímida, o que deixava todo mundo apreensivo. Logo começaram os desentendimentos. Quando a empresa vai mal financeiramente, parece que nada mais dará certo e bate um desespero difícil de explicar. Todo o time ficou tenso, e aquilo que parecia um negócio promissor já não era mais. Eu continuava acreditando, porém cada vez mais tensa para segurar os parceiros e parceiras de negócios.

Só fica quem acredita

Criar uma empresa do zero e com poucos recursos financeiros é um baita desafio, mas o maior deles é ter consciência do valor do seu negócio e nervos de aço para se manter firme, mesmo que tudo à sua volta esteja desmoronando. Só permanece em uma empresa quem acredita nela. Você só vai saber se acredita no seu plano quando as coisas apertarem e você for desafiada a tomar decisões mais bruscas ou quando estiver diante de você a possibilidade de voltar ao mercado ou de seguir investindo em seu plano.

Com meus sócios e parceiros, a vida estava complicada. Eles precisavam de grana, e as coisas andavam de forma lenta e desafiadora demais. Todos se sentiam desmotivados. Quando isso acontece, você fica sem chão, porque parece que tudo vai ruir facilmente. Eu me via muito sozinha, mesmo com uma galera ao meu lado. Naquele período eu aprendi que empreender os próprios sonhos é um ato solitário. Só a sua mente é capaz de idealizar e realizar o que você sonha. Por mais parceiras que sejam, as outras pessoas envolvidas não têm o mesmo sentimento e a paixão que vibra dentro de você. Então, fica mais fácil para elas desistir e partir para outro projeto.

É difícil você perceber que se equivocou ao escolher um parceiro ou que tomou atitudes e decisões que contribuíram para o caos ou para o fim de parcerias que pareciam tão especiais. Mas isso acontece nas melhores famílias empreendedoras… A melhor decisão é encerrar a parceria, a fim de preservar a dignidade e o carinho que ainda existe na relação, antes que todo mundo comece a se estranhar de vez.

A gente nunca sabe o que esperar das pessoas quando o assunto é dinheiro e poder. Nunca. Se um dia você perceber que a relação é insustentável, tanto na vida profissional como na pessoal, pegue suas coisas e coloque um ponto-final o mais rápido possível para manter sua integridade e a daqueles que um dia foram importantes para você. Eu fiz isso.

Durante esses dez anos empreendendo, fiz isso inúmeras vezes. É bastante desafiador acertar com uma rede de cúmplices e sócios que tenham a mesma vibração que você e que respeitem sua história – isso não depende exclusivamente das pessoas, mas de você mesma também. Nesses dez anos de experiência, eu compreendi que conseguia trabalhar bem com a minha rede de cúmplices, mas que não sabia lidar com sócios – justamente por ter sido eu a criadora de todo o Plano Feminino e por causa do meu perfil de empreendedora, que não é aberto a sociedades.

Eu odiava que as pessoas dessem pitaco sobre a essência do meu plano ou que criticassem algo. Vaidade, ego, essas coisas todas que inegavelmente todas nós temos.

Mas, simplesmente por eu valorizar a minha história e a toda a ralação para construir meu negócio, eu não queria ninguém me dizendo como as coisas deveriam ser feitas, porque eu sempre soube. Queria que estivessem comigo somente aqueles que acreditassem na minha visão e que me acompanhassem para colocar meus planos em prática. Eu não sei explicar ao certo a sensação, mas é como alguém chegar na sua casa e ficar criticando a disposição dos móveis, o comportamento do seu bichinho de estimação ou do seu filho, sem nunca ter feito nada pelo seu lar. Decidi que só me permitiria ser criticada por quem tivesse conquistado mais do que eu nesta vida. Tapei os ouvidos para os pessimistas e assumi que eu era, definitivamente, uma empreendedora solo e que gostava de parcerias, e não de sociedades. Saber quem você é na fila do pão passa também por entender do que você gosta ou não, sem julgamentos.

Tente fazer isso na sua vida como um todo, e você vai ver que as coisas começam a fazer mais sentido. E lembre-se sempre de que sua rede de planos precisa ser construída à base de indivíduos que você admira e que te admiram; caso contrário, você pode virar refém delas. O que eu quero dizer para você é: nunca permita que invistam em você ou sejam suas sócias pessoas que se coloquem na condição de assistencialistas e que duvidem de seu potencial. Jamais se coloque no papel de recebedora de favor de ninguém. Sociedade é para multiplicar expertises.

Cuide bem da sua rede e escolha com cuidado seus aliados. Não tem nada mais destrutivo para a realização de um plano do que contar com as pessoas erradas. Se você estiver cercada delas, prepare seu plano de fuga e recomece o jogo. Volte algumas casas e reconstrua uma rede saudável e de confiança. Nunca é tarde para recomeçar. Coloque tudo sempre em contrato. Formalize todo e qualquer movimento que for fazer de parceria ou sociedade em sua empresa, independentemente de quem seja aquele que estiver entrando para estar ao seu lado. Se liga!

CAPÍTULO 12
O QUE VOCÊ TEM NAS MÃOS?

Lembro-me de quando eu pedia para minha mãe para ir aos shows no Hollywood Rock, que aconteciam em São Paulo nos anos 1990 e que lotavam de bandas internacionais. Minha mãe sempre me perguntava: "O que você tem aí para ir nesse show? Qual o seu plano?". E confesso que isso me irritava na maioria das vezes.

Eu amava as bandas Guns N' Roses, Extreme, New Kids on The Block e Skid Row. Amava os vocalistas Axl Rose, Nuno, Jordan e Sebastian Bach e precisava pensar rápido no que estaria ao meu alcance para conseguir comprar o ingresso para os shows.

Sempre que minha mãe me provocava quando eu pedia algo para ela, me instigando a pensar em um plano, eu sentia vontade de dar um berro! Eu só queria ir ao show. Não queria fazer plano algum e isso me deixava maluca! Mas eu sabia que se eu não me mexesse e não tivesse uma ideia boa, não daria certo. Então, logo pensava em um plano e sempre funcionava! Comprava fiado ingredientes para fazer bolos e vendê-los até conseguir completar a grana, depois pagava meu fornecedor certinho para sempre poder contar com ele. Além disso, eu fazia trabalho de casa para tias e vizinhas e até bico de vendedora aos fins de semana nas lojas do comércio. Sempre dava certo e eu conseguia realizar meu plano estimulada pela provocação de minha mamis poderosa.

Como realizar um plano com o que você tem nas mãos, mesmo que seja sem nenhum dinheiro? Parando de olhar dinheiro como fator limitante. Ele não é o mais importante para que você consiga colocar um plano em ação. O mais importante é a sua capacidade de agir e de reconhecer suas potências para fazer acontecer, utilizando suas habilidades e o poder de sua rede. Existem ativos mais importantes do que dinheiro e você pode criar uma rede de ativos a partir daí.

Todos os aprendizados da adolescência me deram uma bagagem e casca grossa para meter a cara e realizar meus planos sem recuar. O que você tem nas mãos aí? Quais seus ativos que vão para além de dinheiro, mores?

A gente nunca está com as mãos vazias

Os primeiros anos do Plano Feminino foram turbulentos: parcerias e sociedades que não deram certo, dinheiro mal investido, dívidas e um caminhão de problemas que me deixaram meses e meses sem conseguir dormir direito. Eu tinha apostado todas as minhas fichas naquele pote de planos e de repente parecia que nada funcionava. Os clientes não entendiam meu modelo de negócio. E, quando entendiam, me diziam que era uma loucura desafiar esse mercado criando uma comunicação na qual não fossem vendidos peitos e bundas de mulheres nas peças de uma campanha de cerveja, por exemplo. Ou afirmavam que mulheres reais não vendiam produtos e que era uma insanidade propor esse tipo de movimento de comunicação na propaganda. Tudo o que eu ouvia era que eu precisava voltar ao cargo de executiva antes que fosse tarde demais e eu ficasse conhecida como a maluca feminista que ousou desafiar a propaganda no Brasil. Tudo o que eu tinha eram clientes com pouca verba e mil coisas para entregar. A conta não estava fechando.

Empreender no Brasil é um desafio maluco quando se tem um governo que mais parece um sócio daqueles preguiçosos que só aparecem no dia da retirada do mês. Os impostos são altos, você não tem retorno deles e precisa faturar ainda mais alto para valer a pena ter tido a grande ideia de criar uma empresa. Quando eu percebi que a minha estava se tornando um monstro do pântano e dos boletos vencidos, invadindo meus sonhos como um pesadelo, decidi voltar às minhas raízes, refletindo sobre aprendizados que adquiri com os mulherões lá da minha casa. Pensei: *E agora, com o que tenho nas mãos, qual vai ser o meu plano?*

Confesso que estava me sentindo bastante humilhada. Às vezes você projeta algo, mas não está preparada caso não aconteça exatamente como foi desenhado. Quando você não se prepara para responder à pergunta "E se tudo der errado?", você pode acabar caindo em depressão. Foi exatamente o que aconteceu comigo. Eu me estimulava, mas não conseguia sair do lugar.

Comecei a perder o foco dos meus negócios e a olhar apenas para o caos, coisa que nunca havia feito antes. Não conseguia visualizar uma saída e só sabia reclamar e lastimar por ter feito a escolha errada. Achava que abandonar a carreira executiva havia sido uma péssima ideia, e comecei a ficar maluca com isso. Será que eu tinha tomado a decisão errada mesmo?

Você já passou por isso também? Ver tudo à sua frente desmoronar e se perguntar o que está fazendo de sua vida?

Via todas as pessoas próximas me olhando e questionando sobre minhas escolhas, como se começar a empreender fosse a pior das decisões. Isso era pesado demais. Eu tinha duas saídas – e isso é importante você saber. Quando você decide empreender, não precisa se culpar caso não dê certo ou se você descobriu, no meio de uma avalanche, que não serve para aquilo. Sempre é possível voltar atrás e recalcular a rota.

Definitivamente, não queria fazer isso comigo e precisava agir de alguma forma. A minha intuição dizia para eu não desistir. Mas tudo bem se você achar que essa é a melhor decisão. Afinal, como dizem por aí, "nenhum CNPJ vale um AVC", e cada uma de nós sabe o seu limite.

É importante entender sobre limites, saúde mental e, com base nas circunstâncias, fazer a melhor escolha para seu corpo não ser sacrificado. Eu estava no meu limite, mas decidi que ainda tinha alguma energia. Precisava sair da posição fetal e parar de me esconder diante das dívidas e da situação nebulosa que estava enfrentando nos negócios. Respirei fundo e voltei a me inspirar na minha história e na história das mulheres da minha família – elas lutaram tanto para que eu pudesse estar ali, formada e sendo desafiada em um modelo de negócios que nenhuma delas havia experimentado antes. Eu já era uma jornalista conhecida e ocupava um lugar de privilégio, mesmo endividada. Nessas horas é que você percebe a importância de construir sua reputação e sua marca pessoal. Como dizia minha avó: nosso nome é tudo o que temos e de que precisamos para ser a mulher que desejamos, então cuidemos sempre dele.

Eu estava quebrando e precisava agir. Ninguém faria isso por mim, a não ser eu mesma. Empreender tem muitos de seus momentos solitários, como já falei. Há coisas que ninguém vai fazer por você, por mais que te amem e admirem. Tem coisas que só você pode fazer por si mesma, e eu estava entendendo isso e precisava salvar a mim, meus planos e minha empresa. Juntei os cacos que tinha de todas as situações turbulentas e tentei montar meu plano da melhor forma possível. Voltei a construir uma rede ainda mais potente de parceiros e decidi mudar de estado e voltar para São Paulo – a cidade onde tudo acontece. Minha cidade natal, da qual já estava distante havia anos.

Na época em que montei meu negócio, eu morava em Maringá, no estado do Paraná, cidade com cerca de 400 mil habitantes e que vivia do comércio e da agroindústria. Havia poucas empresas multinacionais e todas tinham foco completamente diferente do que eu precisava como clientes. A cidade, apesar de ter aberto muitas oportunidades para mim, tinha ficado pequena para os meus planos e eu precisava fazer alguma coisa com aquilo.

Eu tinha um filho de 12 anos e uma vida estabilizada, apesar dos perrengues. Com minha decisão de voltar para São Paulo, estaria virando tudo de cabeça para baixo! Então, virei tudo de cabeça para baixo! – porque muitas vezes é isso que precisamos fazer. Temos de agir e ponto. Meu filho permaneceu com o pai dele, que na época era meu marido e sempre me apoiou nos planos todos. E eu vim para São Paulo.

Fiquei um período na casa da minha mãe e da irmã, mas logo percebi que, depois que a gente sai da casa dos pais, fica difícil voltar e se acostumar com uma rotina que não é a nossa. Frequentava muitos eventos da minha área para conhecer pessoas e criar minha rede de confiança e isso fazia meus horários e meu estilo de vida não se encaixarem na rotina da casa delas. Decidi buscar um quarto em um hotelzinho que podia pagar. Eu sabia que poderia ser perigoso, mas fui conversar com os funcionários de lá e eles me pareceram muito hospitaleiros. Confiei e logo fiz amizade com todos. Eles cuidavam de mim, e a camareira até passava minhas roupas e arrumava meu quartinho com todo o carinho. Era um cubículo quente e tinha um ventilador que só funcionava quando queria, fazendo um barulho insuportável. Tinha um guarda-roupas pequeno, uma cama de solteiro e uma geladeirinha que não resfriava as coisas direito, mas era o que eu podia pagar. Estava em um bairro bem localizado e perto de agências de propaganda e de empresas importantes. E eu ia conseguir me deslocar com tranquilidade para as reuniões e os eventos.

Percebe o cenário? Eu estava em uma empresa, era uma executiva com um cargo bacana, tomei a decisão de empreender, virei tudo de cabeça para baixo e decidi que, para ganhar tração e fazer meu negócio acontecer, precisaria meter a cara sem reservas e apostar tudo. Ao ler isso, talvez lhe pareça uma decisão fácil de tomar, mas não foi. Nunca é. Abrir mão da zona de conforto e dos privilégios – mesmo que sejam mínimos – sempre é dolorido. Eu me olhava no espelho mofado do quartinho e, às vezes, chorava me perguntando diante da minha imagem exausta: "O que eu estou fazendo aqui?".

Sentia falta do meu filho, que eu via a cada vinte dias, e sentia falta de ter um salário bom todo mês na conta, plano de saúde, vale-alimentação, viagens programadas, cartões pagos... Minha decisão afetou diretamente a saúde financeira de nossa família e todos sofreram com isso. Mas nem sei explicar: quando você tem uma paixão, um propósito e acredita no que está fazendo, você paga para ver. Risco calculado e pé na porta! Eu estava ali, pé na porta do mercado de publicidade e atrás da minha oportunidade. Tinha medo, mas ao mesmo tempo me sentia corajosa e confiante.

Todos os dias eu batia na porta das empresas, até que consegui uma oportunidade para apresentar um projeto especial para uma das maiores agências de propaganda do Brasil. Eu havia conseguido agendar uma reunião com o CEO dessa agência, chamada F.biz, que faz parte do grupo WPP, o Roberto Grosman, mais conhecido como Bob. Nesse dia, eu estava tão nervosa que entrei na agência tropeçando e arremessando o cara longe. Era muita adrenalina, eu estava precisando fechar um projeto e aquela era a grande oportunidade. Derrubei a pessoa no chão, mas o projeto não. Ele me ouviu, mesmo atordoado com a muvuca provocada pela minha chegada desastrosa.

Apresentei uma ideia para uma das principais marcas que eles atendiam, o shampoo Seda da Unilever. Bob chamou toda sua equipe para assistirem à minha apresentação e ouvirem minhas ideias. Eu tremia, mas mantinha minha cara de plena. Ninguém ali podia saber que eu estava quebrada. Se tem uma coisa que você precisa aprender no mundo dos negócios é manter o controle emocional e sangue-frio para que, no momento de fechar um negócio, não grite desesperadamente: "Vamos fechar, por favor! Me dá esse job. Eu preciso disso! Confia em mim. Eu parcelo e você pode me pagar com permuta. Me ajuda!". Isso, nunca! Manter o controle é essencial porque, quando você está começando, qualquer demonstração de fraqueza conta pontos negativos.

Diante de vários executivos da agência, apresentei o projeto, que consistia em contar histórias reais de mulheres reais (fora do padrão), dando protagonismo e voz a elas e mostrando que existe beleza na diversidade. E todos amaram! Bob me pediu para criar, com a minha ideia, propostas para duas marcas diferentes – uma para o sabão Brilhante e a outra para cabelos, com a Seda. E assim fechei meus primeiros projetos de milhões: "Caçadores de beleza", com a Seda, e "Mulheres brilhantes", com o sabão em pó Brilhante. Ambos os projetos davam protagonismo às mulheres de diferentes formas e foram o divisor de água em minha jornada.

Nesse meio, fiz sociedades desastrosas, mas nada que me atrapalhasse. Decidi dedicar horas do meu dia como consultora de empresas e logo consegui atuar em uma multinacional de Relações Públicas. Foi uma forma de ampliar minha rede de contatos no mercado e aumentar a receita do Plano Feminino. Meus planos pareciam estar finalmente se realizando. Fiz isso durante três anos e aprendi muito, além de ampliar minha rede de contatos com marcas e agências.

Sozinha e bem acompanhada

Todas as minhas últimas cabeçadas aconteceram porque eu estava totalmente presa à noção de que precisava ter sempre alguém do meu lado dizendo o que fazer ou validando as minhas ideias para que eu realmente as tirasse do papel. Estava acostumada a esse cenário – mesmo sem perceber. O que minha mãe e minha avó diriam disso?

Voltei a minha energia e os meus pensamentos para minha infância, para os morros de lama que eu subia e descia com sacolinha de plástico nos pés, para todos os desaforos que eu – uma menina nascida sem privilégios, em uma sociedade que vive de padrões – tive de enfrentar. Ao resgatar tudo isso, percebi o seguinte: eu tinha muita resiliência e força para realizar qualquer plano que eu quisesse; ter uma pessoa na operação como sócia era apenas um detalhe; e eu precisava de um plano maior de marca pessoal. Todos deveriam me conhecer e conhecer o meu Plano.

CAPÍTULO 13
EXPULSA DA IGREJA... CHECK!

Sempre fui uma criança serelepe e adorava chamar atenção. Ficava com a escova de cabelos nas mãos simulando um microfone e entrevistando as pessoas da minha família, depois os colegas, e na sala de aula sempre me enfiava para ser a oradora ou fazer o papel de apresentadora de festivais. Amava teatro e escrevia peças baseadas nas histórias dos personagens Chaves e Chapolin Colorado, uma das criações de Roberto Gómez Bolaños, para encenar com meus amiguinhos da rua. Eles eram os atores da peça que eu dirigia e sempre protagonizava, claro – não ia ter todo o trabalho de fazer tudo e não encenar, né?

Essa paixão toda me impulsionou a fazer alguns cursos e, na juventude, dentro da igreja, acabei me tornando líder do Ministério de Teatro. Eu liderava o grupo de jovens adultos em uma igreja evangélica que tinha bandas de louvor bem barulhentas e animadas e um pastor baixinho que adorava impor seu machismo em forma de pregação. Eu era apaixonada pelo Ministério de Teatro e pela ideia de levar mensagens de amor e de libertação às pessoas por meio de histórias espetáculos enormes de teatro e nos apresentar para mais de duas mil pessoas. Era como se eu tivesse encontrado meu lugar no mundo. Eu escrevia, encenava, me comunicava e ainda me sentia em dia com Deus por estar dentro de sua casa fazendo o que era certo. Minha mãe sempre me alertava para não parar de estudar e eu continuava firme nos estudos e na faculdade, mas estar naquele Ministério de Teatro era algo importante para mim.

Com toda a bagagem que aprendi com o teatro, pude dar aulas para um grupo da terceira idade do Sesc e isso era incrível – pessoas de 80 anos estavam se descobrindo e descobrindo suas potências e seus corpos por meio de oficinas que eu criava especialmente para elas.

Mas tive uma grande pedra no caminho. Aquele pastor baixinho que eu mencionei, apesar de ser um grande líder e orador, era conhecido na igreja como um homem ditador e opressivo. Algumas vezes a gente estava cantando no louvor e ele, no meio da pregação, com a igreja cheia, virava-se e fazia expressões nada angelicais. Ele dizia que estávamos desafinando e o atrapalhando. Eu me perguntava se ele era aficionado por perfeição ou se o que pregava era incompatível com suas ações. Suas atitudes não combinavam com as palavras no púlpito. Aquilo me incomodava. Um dia, ele decidiu que deveriam me tirar do louvor porque eu era desafinada demais. Como eu sempre questionava tudo que via de machismo na igreja, ele queria me afastar. Acabou achando um jeito de me expulsar da igreja. Quando comecei a trabalhar em uma multinacional em que era obrigada a fazer viagens, e obviamente eu não poderia mais me dedicar tanto quanto antes, ele me descartou de vez. Primeiro, ele dizia não ver futuro em minha carreira, reproduzindo tudo aquilo que eu já estava calejada de tanto ouvir: "Não vejo futuro para você no jornalismo, minha filha", "Você questiona demais e fé não se questiona", "A mulher precisa se colocar em seu lugar".

Bati de frente, não desisti dos meus planos e acabei sendo expulsa mesmo. Estava ali dentro daquela igreja toda a minha rede de confiança – todos os meus amigos e tudo o que eu tinha de mais próximo, além de minha família. Entendi que um ciclo estava sendo fechado. Não conseguia concordar com as tiranias daquele pastor e nem com o jeito com que ele lidava com as pessoas da igreja. Tudo me irritava: o tom de sua voz, suas expressões demoníacas para quem desafinava ao cantar, o sarcasmo contra quem ousava demonstrar uma opinião oposta à sua e a falta de mulheres protagonistas naquele lugar. Era como se todos vivessem para agradar a ele, e não a Cristo. Eu não me encaixava mais naquele ambiente. E mesmo que quisesse tentar, eu havia sido expulsa. Meu Deus, eu fui expulsa da igreja...

Alguma vez você foi convidada a se retirar de um lugar no qual amava muito estar, mas do qual sabia que já era hora de partir? Às vezes, pode ser um emprego de anos, no qual você sabe muito bem que está estagnada e pelo qual precisa fazer algo, no entanto não tem coragem. Pode ser também um relacionamento que está te sufocando, mas do qual não sai por ter se acostumado a dividir tudo com a pessoa que está ao seu lado, mesmo que ela esteja sendo um peso no seu peito. Você sabe como funciona e isso acontece com todas nós. E nessas ocasiões você fica triste, melancólica; talvez por ego, por pura birra pensando que não foi você quem tomou a decisão de sair. Mas o fato é que, depois do vazio, vêm a sensação de liberdade e a possibilidade do novo que invade a sua vida e que faz você acordar leve novamente. Você acorda e a página está virada e branquinha, esperando você para escrever outro capítulo. Já sentiu isso? Está passando por isso? Será que está na hora de virar a página? Você vai esperar quanto tempo para mudar sua história? Vai esperar ser expulsa ou vai sair daí?

Estou contando tudo isso porque, no próximo capítulo, falaremos sobre como construir nossa marca pessoal. Muitas vezes a gente não se orgulha muito de nossa história. E acaba deixando de valorizar coisas que considera não muito importantes – embora sejam. Em meio à espetacularização da vida exposta no Instagram, Facebook e LinkedIn, você pode acabar não valorizando momentos importantes de sua vida. No Instagram, todo mundo viaja e frequenta lugares incríveis. No Facebook, todos têm as melhores opiniões. No LinkedIn, todo mundo é bem-sucedido. Nas mídias sociais, ninguém nunca deixou de pagar um boleto ou manter a folha de pagamento em dia. Ninguém precisou contar as milhas para fechar um pacote de férias e nem suplicar por uma vaga de emprego, porque não conseguiria sobreviver mais um mês sem trabalho. É tanta vida perfeita que, se compararmos com a nossa, acabamos achando que é um projeto falido.

Daí você se pergunta: "Que graça tem a minha história se comparada à história desse monte de gente bem-sucedida?", "Nossa, minha vida não tem graça nenhuma, a dos outros é muito mais interessante", "Minha imagem nem é tão bacana assim. Não sei como poderia vender minha empresa e meus negócios a partir de mim, uma pessoa tão normal…". Você se reconhece em alguma dessas frases? Pois isso tem que mudar!

CAPÍTULO 14
SUA HISTÓRIA TEM VALOR – CONSTRUA A SUA MARCA

Sempre ouço minhas alunas falando a partir dessa ótica sobre si mesmas. Sabe o que eu falo para elas? Construir sua marca começa com a valorização de você mesma – de suas histórias e experiências, por mais que, na sua biografia, você tenha sido expulsa de uma igreja ou amarrado um saco de plástico no pé para ir e vir de sua casa à escola.

Sua história tem valor e essas situações difíceis servem como um aprendizado importante – vão proporcionar uma casca grossa que vai ajudá-la a ser a mulher que você tanto quer ser.

Vale a pena acreditar em quem você é e valorizar a sua história sem se comparar com ninguém. A pior coisa que existe é você comparar a sua vida com a dos outros e valorizar mais a história alheia do que a sua própria. Cada uma de nós tem um ponto de partida na largada e isso, por si só, já faz toda a diferença em nossa jornada. Se inspirar é uma coisa, querer ser a outra pessoa ou se diminuir porque você acha que ela tem a vida e os negócios mais interessantes do que os seus é um tiro na cabeça. Nunca faça isso. E nunca se esconda também. Por ter sido invalidada por pessoas que eu tinha como líderes espirituais, eu poderia ter achado que era péssima e que não servia para ser uma comunicadora. Mas sempre que você estiver em meio a críticos que tentam mostrar seus defeitos, foque as suas potências e as suas qualidades. Olhe para o espelho, converse com você mesma e se encha de seus sonhos pegando como aprendizado só o que for construtivo. Jogue fora todo o resto.

Para construir a sua marca pessoal, você precisará trabalhar sua autoestima e isso passa por respeitar a sua história e entender que cada pedacinho dela está preparando você para ser a mulher que você sonha ser. Orgulhe-se disso e use suas experiências a seu favor.

Seja aparecida, sim

A gente sempre ouve que é melhor não aparecer demais. No jornalismo, por exemplo, eu aprendi que deveria ser imparcial e que a notícia era sempre a grande protagonista; logo, aparecer nem pensar. A menos que você seja a âncora de um jornal – e, mesmo assim, você será apenas o canal da notícia; esta será o assunto principal. Talvez por isso, por ter tido esse aprendizado, eu tenha sempre ficado nos bastidores e nunca subido no palco. Quando lancei meu negócio, nunca havia trabalhado minha imagem. As pessoas não associavam minha imagem ao Plano Feminino – e isso era algo que eu precisava melhorar. As pessoas pensavam que o negócio era de qualquer um que passava pela empresa, menos meu. *Eu precisava botar a cara no sol e construir a minha marca pessoal.*

Eu já fazia isso havia muitos anos para os outros. Ajudava executivas a se posicionarem no mercado. Mas tem aquele ditado: "Casa de ferreiro, espeto de pau". E eu havia me acomodado. Decidi, então, que todos saberiam mais sobre mim, meus negócios e meu propósito.

A imagem para si

Antes de você construir sua imagem para os outros, ela precisa estar alinhada com sua essência e fazer sentido para você mesma. Não dá para vestir uma roupa que fica desconfortável ou que não foi feita para suas medidas. Você precisa revisitar o passado, prestar atenção no presente e vislumbrar o futuro.

Quem é você até aqui?
O que está fazendo neste exato momento?
Para onde quer ir?

Responder a essas perguntas me trouxe um norte e eu sabia exatamente aonde queria chegar. Revisitei toda a minha vida, minha postura diante de cada ponto de contato. Perguntei aos amigos mais próximos e colegas de mercado o que viam em mim e quais eram o ponto forte e o ponto fraco que eu demonstrava com minhas ações – fosse em uma mensagem no Facebook, fosse em uma conversa de boteco.

Descobri que as pessoas botavam fé em mim e me viam como uma mulher forte e inspiradora. No fundo, sem modéstia, sabia que eu era mesmo essa mulher e nunca parei de acreditar. Mas esse exercício foi importante para que eu me enxergasse completa, saísse dos bastidores dos negócios e desse cara para meu plano. Eu era a cara dele e mais ninguém.

Comecei a desenhar cada ponto de contato da minha marca pessoal. No marketing, quando vamos criar uma estratégia para uma marca ou produto, bolamos sua essência de posicionamento, sua persona, seus valores, missão e visão. Desenhamos cada ponto de contato por onde essa marca poderá interagir, para planejar suas ações de forma estratégica, a fim de que ela adquira reputação e relevância. Eu fazia isso com sucos de laranja, maquiagem, plano de saúde etc. Mas nunca havia feito para mim mesma. Era isso que passaria a fazer a partir daquele momento. Convido você a fazer o mesmo e vou explicar cada ponto. Vou te ajudar a desenhar um plano de ação.

Missão

A missão é a nossa razão de existir e pode mudar quando a gente alcançar o que pretende com ela – pode ser recalculada no meio do caminho diante dos aprendizados. Gosto muito da história da Mary Kay, uma mulher empreendedora que conseguiu formar uma rede de mulheres cúmplices de seus planos. A missão da empresa dela era dar oportunidades ilimitadas às mulheres.

Trazendo para você, qual é sua missão neste mundo?

Com esse exercício, descobri que minha missão era muito mais do que mudar a narrativa da propaganda brasileira e ressignificar seus estereótipos. *Minha missão era inspirar meninas e mulheres a realizarem seus planos.* E descobrir isso mudou tudo dentro de mim e nos meus negócios.

Valores

Os valores são tudo o que não negociamos, trocamos ou barganhamos. Já pensou quais são os seus? Às vezes, nem sabemos os nossos valores e acabamos nos enfiando em relacionamentos tóxicos, amizades abusivas, círculo de pessoas que não têm nada a ver com a gente, permitindo que os outros vivam nossa vida por nós.

Ao revisitar meus valores, percebi que havia passado por cima de muita coisa importante. Nos últimos anos, estava permitindo que as pessoas com muito menos bagagem de carreira que eu dessem pitaco em meu trabalho e me colocassem para baixo. Ouvia críticas destrutivas de quem nunca fez nem metade do que eu na vida, e mesmo assim eu as considerava. Então percebi que eu precisava tirar esses indivíduos da minha vida. Deixei pessoas se infiltrarem em minha vida e elas precisariam sair. Além disso, eu atendia clientes e marcas que não tinham nada a ver com minha essência e eu me sentia uma fraude.

Para desenhar meus novos valores, fiz uma lista de negociáveis e inegociáveis – tudo com o qual eu poderia ser flexível e tudo o que jamais queria perto de mim, pessoal e profissionalmente.

NEGOCIÁVEL	INEGOCIÁVEL
Mudar a rota dos meus planos	Pessoas tóxicas que me coloquem para baixo
Ouvir opiniões contrárias, mas com embasamento	Me sentir uma fraude
Delegar tarefas	Querer resolver tudo sozinha

Visão

Se missão é o que eu faço, valores é quem eu sou, e a visão é o que eu quero atingir.

A visão é o sonho que você quer atingir. É quando você exercita olhar para o seu futuro sem reservas e limitações, amplia seu campo de visão para o que pode realizar. Faça isso por você. Limpe os fatores limitantes de sua mente e ouse sonhar com a mulher que você deseja se tornar. Onde ela estará? Como? Fazendo o quê? Ter visão de seu mundo muda tudo e ajuda você a fazer escolhas no presente que a levará até a mulher que deseja se tornar.

Aprenda o seguinte:

> Marca é a história que o consumidor lembra quando pensa em você. Não é uma tarefa de designers, marketing ou consultores. É tarefa de todos. Branding é um verbo, não um logo. **(Laura Busche, autora do livro** *Lean Branding*[2]**)**

> Quando as pessoas usam sua marca como um verbo, isso é extraordinário. **(Meg Whitman, uma das executivas mais poderosas do mundo)**

Mapeei todos os meus pontos de contato, assim como fazia nas estratégias para marcas. Então, comecei a bolar um plano de como poderia me posicionar da melhor forma em cada um desses pontos. Vou contar para você os meus questionamentos e o que fiz para mudar. Faça essa reflexão também.

---

2. BUSCHE, L. *Lean Branding*: Creating Dynamic Brands to Generate Conversion. Newton: O'Reilly Media, 2014.

Facebook

Quem é você na sua linha do tempo? O que você compartilha tem a ver com sua visão, sua missão e seus valores? Quais os emoticons que você mais provoca com suas publicações? Você agrega ou provoca discórdia? Como você conta suas potências no Facebook e como as pessoas entendem quem você é e o que está fazendo de fato?

LinkedIn

Como está sua foto de perfil nesse ambiente e o que você tem compartilhado nele? Tem feito uma rede de conexões interessante? Como interage com ela? Você vem publicando comentários relevantes?

Instagram

A gente sabe que a vida real não é um feed organizado com paleta de cores. Não se iluda e não se compare! As redes sociais são capazes de provocar problemas psicológicos, pois o ambiente virtual é um espaço favorável para que as pessoas se comparem com as outras e acreditem no que, na verdade, é um recorte da realidade. A busca insana por likes e seguidores tem mexido bastante com a autoestima das pessoas. Aliás, até o próprio Instagram vem repensando a questão de visualização de likes.

WhatsApp

Preste atenção aos grupos de que você participa. Isso fará muita diferença em sua vida.

Por que você coleciona grupos que só fazem você perder o foco? Para que você pretende usar esse canal de comunicação e com quem você quer se relacionar nele?

Percebi que eu perdia muito tempo respondendo às mensagens que não eram prioridade e o quanto isso era contraproducente, tirava o foco das coisas que realmente importavam, além de me deixar cada dia mais exausta e com dor de cabeça. Então, resolvi silenciar alguns grupos, pedir licença ou simplesmente sair de outros. Passei a não responder rapidamente às mensagens que recebia – aliás, muitas vezes as pessoas que me procuravam era para eu resolver os problemas delas. Eu sentia que precisava organizar a avalanche de mensagens e de contatos com os quais eu me relacionava todos os dias. Organizar essa bagunça me fez focar o que realmente interessava.

Eventos

Eu me questionei quais eram os eventos mais importantes em que eu precisaria estar para conhecer gente. Então, mapeei os principais e fiz contato com os organizadores. Me coloquei à disposição para poder palestrar e cobrir o conteúdo. Ofereci o que eu tinha de melhor e essa troca me fez entrar no radar dos principais eventos que me interessavam. Fui conhecendo pessoas que tinham os mesmos propósitos que os meus em diferentes fases de suas jornadas, o que me fez aprender e me inspirar a continuar.

Vida pessoal

Depois de quase cinco anos empreendendo, eu não tinha mais vida pessoal.

Tem uma foto que circula na internet na qual há vários personagens dormindo: um estudante, um estagiário, um executivo e uma cama vazia no lugar do empreendedor. Parece engraçado, mas essa mensagem é cruel e verdadeira. Ser empreendedor, na maioria das vezes, faz a gente perder o sono ou trabalhar quarenta e oito horas por dia. E quando a gente percebe já não tem mais vida social, amigos. E a família, quando você tem sorte, é a única que sempre vai estar ali acompanhando sua correria e esperando migalhas de atenção.

Percebi que precisaria dar mais atenção às pessoas que eu amava porque estar conectada a elas me recarregava. Elas me davam energia para seguir meus planos.

Trabalho

Comecei a controlar melhor o impulso de criar coisas novas e passei a me dedicar a fazer rodar os produtos da minha empresa de consultoria. Fui remodelando e sofisticando as entregas e criando um fluxograma estratégico para que minha equipe pudesse ter mais autonomia nas tomadas de decisão.

Entendi que eu não sabia delegar as tarefas e que eu era uma gestora controladora e centralizadora – ou seja, não dava chance para as pessoas aprenderem e adquirirem autoconfiança para executar as tarefas sem minha aprovação. Eu queria estar presente em todo o processo – o tempo todo – e isso estava me deixando esgotada. Contratei pessoas de confiança e passei a delegar mais e focar em estratégias, em ideias de longo prazo. Mudar minha visão de gestão e delegar mais me possibilitou, inclusive, ter tempo para escrever este livro. Para você ter dimensão do quanto o cenário mudou, quando tirei uns dias para finalizá-lo, minha equipe havia ficado no escritório para tocar um grande evento para um dos nossos principais clientes, definindo estratégias de conteúdos e operando um plano de expansão.

Quando você é empreendedora ou intraempreendedora, quer dar mais do que 100% nos negócios. Acredita que isolar todas as outras áreas de sua vida para realizar um plano é o melhor que você tem a fazer, mas isso não é verdade. Quando você aprende a olhar, estrategicamente, cada ponto de contato de sua vida e cria um plano de ação de melhoria para desempenhar da melhor forma possível cada área, entende que uma complementa a outra. E você só será completa quando entender isso.

Tempo para você

Certo dia – em meio a uma reunião e outra – agachei para pegar uma caneta que havia caído embaixo da mesa e ouvi um barulho. Logo senti o frio do ar-condicionado nas costas e percebi que tinha rasgado uma camisa que amava. Achei que minha secadora nova havia encolhido minha roupa e continuei o trabalho. No dia seguinte, percebi que minha calça estava esgarçada e me sentia apertada dentro dela. No fim do dia, quando a tirei, as marcas do jeans apertado estavam nas minhas pernas. Achei estranho mais uma peça perdida por causa da secadora... Talvez eu tivesse ganhado alguns quilos com a rotina frenética, os congelados e potes de sorvete que andava tomando nas madrugadas enquanto assistia a seriados para distrair a cabeça após dias de muito trabalho. Fui até o banheiro, puxei a balança que estava debaixo do armário para me pesar – coisa que eu não fazia havia muito tempo – e bingo: tinha engordado 12 quilos sem nem perceber!

Na adolescência, tive um quadro de anorexia quando lutava contra a balança para ter o corpo das meninas esquálidas das capas de revistas – elas eram todas brancas e tinham medidas de quadril e de busto totalmente diferentes das minhas. Cheguei ao ponto de parar de menstruar e precisei de tratamento médico para voltar a ter uma vida saudável.

A falta de representatividade na propaganda sempre me afetou. Certamente esse foi um dos motivos que me fizeram lutar contra isso depois de formada em Comunicação e marketing. Os veículos de comunicação e a propaganda precisam entender verdadeiramente que têm responsabilidade quanto às suas narrativas. E que o reflexo da invisibilidade de cores e corpos que eles promovem pode até matar.

Por causa do quadro de anorexia, eu quase não me peso. Procuro cuidar da minha alimentação e manter um estilo de vida com exercícios. Mas quem disse que empreender me possibilitava ter tempo para me cuidar? Havia meses eu não ficava comigo mesma, ia ao pilates, fazia uma caminhada ou sequer olhava direito para o que eu comia. Estava vivendo no automático e no modo autodestrutivo de trabalho da forma mais pesada que você pode imaginar. Eu olhava para a balança e só conseguia pensar no quanto estava me autossabotando. Quantos gatilhos poderiam ser acionados a partir daquela informação? Uma pessoa que passa por um transtorno alimentar sempre precisa cuidar de sua mente para não voltar ao lugar obscuro de olhar para o espelho e se invalidar. Eu estava feliz com minha imagem, mas me sentindo cansada e fadigada. A resposta estava naqueles 12 quilos a mais.

Então, decidi me matricular em uma escola de natação, em uma academia e fazer as coisas que adorava: nadar e treinar para corridas. Sem muita cobrança, passei a treinar uma ou duas vezes na semana e comecei a olhar com mais carinho para minha alimentação e para as minhas horas de sono. Aos poucos estou me dando bem, mas preciso de disciplina e de autocuidado para não deixar que nada me impeça de continuar tendo tempo para mim mesma. Às vezes, parece que tudo é mais importante do que ter um tempo para se dedicar a si mesma, mas não é! – um dos melhores investimentos é você estar na sua própria companhia e desfrutar dela, fazendo algo que você ama e sem cobrança, só porque você quer fazer mesmo.

Sociedade

Quando comecei a desenhar minha marca pessoal e a reconstruir minha identidade com minha missão, visão, meus valores e paixões, resgatei em mim o que sempre me motivou: o meu poder de relacionamento interpessoal e a forma como eu gosto de ver aqueles ao meu redor felizes. Algumas vezes eu me sabotei e, para deixar as pessoas satisfeitas, anulava as minhas vontades. Mas, no geral, era isso que eu sabia fazer de melhor e tudo sempre foi em coletivos, grupos e rodas. Aos poucos estou me dando bem, mas preciso de disciplina e de autocuidado para não deixar que nada impeça que eu continue tendo tempo para mim mesma. Sempre fui boa em vender ideias, e as minhas ideias sempre estavam relacionadas a mudança e transformação coletiva. Prova disso é que meu modelo de negócio é uma consultoria que, desde 2010, desafia grandes agências de propaganda a romper com padrões e estereótipos, inserindo pessoas negras, gordas, altas ou baixas – enfim, todo tipo de mulher – em suas campanhas, criando, assim, uma nova narrativa, com mais empoderamento, representatividade e diversidade. Nunca foi só sobre um produto: quando pensei sobre isso, voltei à menina que eu fui...

Por mais que estivesse no meio do caos empreendedor, tentando me reposicionar, dar voz à minha imagem e ao negócio, eu era agora uma mulher privilegiada e precisaria fazer algo com os meus privilégios.

E você, o que vai fazer com os privilégios que tem nas mãos?

Essa é a pergunta que me fiz e que você tem de fazer ao se deparar com este pilar para pensar em construir sua marca pessoal.

As pessoas têm se voltado para sua essência e buscado o seu propósito cada vez mais – mesmo se comparando tanto nas redes sociais e estando inseridas em um mundo frenético por resultados. Com tantas exigências da realidade capitalista, no qual o ser humano parece ter menos valor do que as coisas, os indivíduos estão se sentindo diminuídos. Ter parece mais importante que ser, ou seja, os valores parecem estar subvertidos – e é por isso que o vazio existencial só aumenta e nada preenche (mesmo você conquistando bens materiais). Falta algo, falta um propósito. Nessa busca por um significado real, muitos gurus charlatões surgiram e aproveitaram para cobrar quantias elevadas para simplesmente contar para seus clientes algo que ninguém além deles próprios poderiam descobrir: seu propósito e sua essência. Tudo de que você precisa é voltar para o essencial sempre que se sentir perdida e diminuída nesse mundo maluco.

Há marcas que têm falado sobre isso. E eu mesma ajudo algumas delas a encontrar um propósito maior do que apenas vender seus produtos, a impactar de uma forma real e sincera a vida dos consumidores. Mas como nós, como indivíduos, podemos fazer isso também? Eu comecei a me perguntar sobre isso e voltei para minha essência. A essência de uma menina que nasceu na periferia de São Paulo e tudo o que tinha era a mentoria da mãe e da avó. Elas eram as únicas que acreditavam que eu poderia ser o que quisesse, mesmo as outras pessoas desacreditando e rindo de mim – porque me viam como estatística.

Ao me lembrar da menina que eu era e da mulher que me tornei, decidi que tinha de fazer algo com o privilégio de estar em um lugar de fala e social diferente do que eu vivi. Por isso decidi criar um projeto social para contar para as meninas das periferias que era possível sonhar, ter planos e realizá-los. Criei o Plano de Menina, um projeto para conectar, por meio de workshops, toda a minha rede de contatos de mulheres poderosas a meninas de comunidades. Juízas, promotoras, publicitárias, empresárias, empreendedoras, médicas, jornalistas, economistas, administradoras, psicólogas, advogadas – enfim, mulheres de diversas áreas do conhecimento se juntaram a mim com o propósito de ajudar meninas periféricas a se tornarem protagonistas de suas histórias.

Nesse projeto, elas têm aulas de educação financeira, empreendedorismo, autoestima, direito, relacionamentos tóxicos, programação, mídias sociais, *brand persona* e outras que as fazem furar a bolha e se reconhecerem como potência. Depois de formadas, conectamos essas meninas a vagas de jovem aprendiz dentro de empresas parceiras.

Ter criado essa missão social me salvou e resgatou minha visão de mundo, mostrando o que eu realmente estava fazendo aqui. Em 2019, o Plano de Menina passou a ter uma metodologia replicada para outros estados do Brasil e está se tornando um instituto. Desde 2016, mais de duas mil meninas passaram pelo projeto e tiveram as suas vidas e a de suas famílias transformadas para melhor. Esse é, sem dúvida, o melhor plano que tive em toda minha vida e quero viver cada dia para me dedicar mais e mais a ele.

Depois de desenhar o que você pode fazer em seus principais pontos de contato para mostrar sua imagem para o mundo, é hora de colocar cada plano em ação. Para isso você vai precisar se colocar em primeiro lugar e aprender a negociar e escolher suas batalhas.

Tenha orgulho de sua história
Transforme tudo em aprendizado e legado

O Plano de Menina, um dos institutos mais respeitados do país, não nasceu de nenhuma pesquisa encomendada, de nenhum sentimento assistencialista, tampouco de "um surfar a onda do propósito". Ele nasceu em 1978, no dia 3 de junho, dentro de mim.

Nasceu da experiência de uma menina sonhadora e que tinha os obstáculos de toda menina que nasce sem privilégios no Brasil. Uma menina que sonhava ser jornalista e ouvia: "Faculdade não é para pobre".

Eu sentia o assistencialismo de pessoas privilegiadas de ONGs internacionais que circulavam na periferia para investigar como vivia e do que se alimentava "aquele povo". Elas achavam que "aquele povo" só precisava de doações, e não de empoderamento intelectual e econômico – afinal, para que pobre precisa fazer faculdade, né?

Mas aquela menina que eu fui não queria só comida. Queria mais. E aqui estou, construindo algo que esperei quando criança e não tive: um projeto que me enxergasse como potência, e não subsistência. Aqui estou – a mulher que um dia foi aquela menina que teve de correr atrás de tudo o que lhe foi negado, que passou por tanta privação de sono para poder estudar e provar que merecia, sim, ocupar o lugar que desejasse –, construindo uma ponte de acesso às meninas periféricas com os privilégios que conquistei.

Estou construindo uma ponte para que as meninas desse projeto tenham a oportunidade de reconhecer, mais cedo do que eu, suas potências e de se preparem para ocupar seus espaços de cabeça erguida – mas sem jamais se esquecerem de sua origem e do poder do JUNTAS, da gratidão e da rede que estamos construindo a cada ano.

Ninguém faz nada sozinho e honrar cada oportunidade fazendo nosso melhor por todas é o que nos fortalece. Somos muitas e estamos nos espalhando por esse Brasil. Esse será o palco em que elas estarão em breve para dividirem grandes planos com o mundo. Mais um lugar que ocuparemos JUNTAS.

O Plano de Menina nasceu de uma mulher que viveu na pele o que é ser uma menina brasileira sonhadora e sem privilégios, e está forte e pronto para ocupar e abrir espaços para que todas as meninas que ainda estão nessa condição tenham voz e vez e sejam protagonistas de suas histórias!

O que você acha que pode fazer para construir uma sociedade melhor usando as suas potências? Como pode se tornar uma agente de transformação com o que tem nas mãos? O Plano de Menina começou sem investimento, apenas com os melhores de todos os recursos que uma pessoa pode ter: propósito definido e rede de cúmplices.

Em plena pandemia da Covid-19, conseguimos capacitar e empregar centenas de meninas em grandes empresas. Em 2019, realizamos o nosso festival no maior museu da América Latina, o Museu de Arte de São Paulo (MASP), com a presença de milhares de pessoas. Percebe como ter propósito nos ajuda a ir mais longe?

Qual a sua rede e o seu propósito?

Depois de desenhar o que você pode fazer em seus principais pontos de contato para mostrar sua imagem para o mundo, é hora de colocar cada plano em ação. Para isso, você vai precisar se colocar em primeiro lugar e aprender a negociar e a escolher suas batalhas.

Aumente o volume

Minha primeira experiência como líder em uma empresa me deixou bastante pensativa sobre o que havia de errado comigo – ou se havia de fato algo de errado!

Eu sempre ia preparada para as reuniões, mas não conseguia falar uma palavra sequer. Era a única mulher da sala e os homens competiam para provar quem falava mais alto e tinha a melhor ideia. Eu achava que interromper aqueles homens com cara de sabichões era algo impraticável e por meses passei despercebida nas reuniões.

Algumas vezes, me pediam para anotar as coisas que eles falavam e eu virava a escriba da reunião dos meus pares. Eu sabia que isso não estava certo, mas não entendia como poderia me posicionar sobre aquilo.

Certa vez, recebemos uma pesquisa de uma empresa multinacional gigante sobre comportamento de consumo do brasileiro. Li todo o material, anotei meus *inputs* e ideias e me preparei para a reunião sobre a pesquisa. Algo me travava nas reuniões – e eu só não entendia se era timidez ou simplesmente a força cruel do patriarcado. Naquele dia, porém, não sei dizer o que era, eu havia sido possuída por uma autoestima e por um espírito de justiça por mim mesma, que foi mais forte do que minha insegurança. Quando a reunião começou, os homens iniciaram, mais uma vez, a disputa de egos. Eu percebi, no entanto, que nenhum deles ali tinha se preparado ou lido mais aquela pesquisa do que eu. Era a minha chance de ocupar o meu lugar. Então, comecei a falar por cima deles. Eles me ignoravam e falavam por cima de mim, inclusive repetindo o que eu acabava de falar. Foi quando aumentei a voz e disse: "Me deixem falar, por favor. Vocês estão repetindo exatamente o que eu estou falando. Tragam fatos novos ou me deixem concluir, por favor". Todos eles pararam, entreolharam-se meio atordoados com minha firmeza, e então eu continuei. Expliquei que havia lido toda a pesquisa e feito um *report* com os principais temas que eram de interesse para o lançamento do produto. Eu trouxe para a mesa minha experiência – que foi cercada por um silêncio ensurdecedor. Naquela hora, eu poderia pedir desculpas, afinal é isso que a gente aprende como mulher: nos desculpar ou nos culpar por fatos que não têm nada a ver com a gente. Mas eu preferi não fazer isso e concluí meu raciocínio. Assim que terminei, a primeira coisa que ouvi de meu superior foi se eu estava bem ou se tinha algum problema!

Ele queria me dizer que eu não deveria ter interrompido aquela cambada de machistas para dar minha opinião e que aquele comportamento teria sido inconveniente. Respondi que sim, que estava ótima e que gostaria de saber a opinião dos meus colegas sobre os fatos que eu havia colocado sobre a mesa. Todos expuseram suas opiniões e respeitaram meu momento de fala e, dali em diante, passei a entender o jogo. Não ia mais me calar. Não ia mais me sabotar. Se não dessem espaço para eu falar, eu mesma o conquistaria.

Não adianta você criar mapa de *brand persona*, mapear pontos de contato, trocar foto do perfil das mídias sociais, criar rede de apoio e de interesses se, quando chegar a hora de agir, ficar calada e deixar as outras pessoas falarem por nós. Ser protagonista de sua história dependerá de sua postura diante de diversas situações e uma delas é não se deixar interromper ou sabotar. Nunca pense que sua ideia não é a melhor e que por isso não merece ser falada. Nem que você não está preparada para entrar no jogo. Prepare-se e use as armas que você tem. Informação e técnica aliadas à autoconfiança são as ferramentas que, se exercitadas todos os dias, a ajudarão a construir sua marca no mundo dos negócios.

Obviamente você vai precisar escolher suas batalhas. Não dá para ser reativa em todas as reuniões de que participar. Tem coisas que é melhor nem discutir e deixar passar, como fiz em uma determinada situação. Eu estive em uma reunião com duas executivas mulheres e elas se interrompiam constantemente. Era uma cena patética de luta de poder que só demonstrava a falta de união entre mulheres. Infelizmente essa é uma realidade que acontece o tempo todo, por mais que a gente lute contra isso. Ficou muito evidente que as duas estavam lutando por espaço na empresa. Eu era uma fornecedora e em diversos momentos vezes tive vontade de pedir para que elas se ouvissem e prestassem atenção no que realmente estava acontecendo naquela reunião. Mas entendi que não era eu quem conseguiria mudar aquele cenário e que eu deveria simplesmente cumprir meu papel e encerrar a reunião. Escolher suas batalhas vai preservar sua saúde mental e sua energia para focar o que realmente importa. Escolha as suas também.

Aprenda a vender suas ideias

Cresci em um lar de mulheres vendedoras e elas não tinham vergonha de sair para rua e vender seus produtos. No fim das contas, elas tinham um propósito maior: botar comida na mesa.

Entender que para realizar seus planos você vai precisar se tornar uma vendedora é essencial para tirar da frente qualquer preconceito.

Todas as minhas experiências como vendedora de loja de roupas, sapatos e decoração – até a de telemarketing – me ajudaram a me tornar uma boa negociante e vendedora de planos e ideias. As pessoas colocam nomenclaturas diversas para essa função porque parecem ter vergonha de se autodenominar vendedoras. Afinal, não parece chique ser vendedora. Mas saber vender é fundamental e vai ajudar você a realizar grandes planos.

Você pode começar a desenvolver suas habilidades em vendas tirando esse preconceito da frente e se perguntando: Quem melhor do que eu mesma para convencer alguém de que minha ideia é boa? Que meu produto funciona? Que meu trabalho tem valor? Se você está certa disso, ninguém vai impedi-la de realizar e vender suas ideias.

Monte um plano de negócios com o qual você consiga visualizar todos os pontos de sua ideia/produto e escreva tudo:

O que é seu plano?

....

....

....

Qual o objetivo?

....

....

....

Para que serve?

....
....
....

No que se diferencia?

....
....
....

Qual o público-alvo?

....
....
....

Qual o público indireto?

....
....
....

Quem são os concorrentes diretos?

....
....
....

Quem são os concorrentes indiretos?
....
....
....

Quais são os pontos fortes?
....
....
....

Quais são os pontos fracos?
....
....
....

Quais as ameaças?
....
....
....

Quais as oportunidades?
....
....
....

Pitch da deusa

Escreva aqui uma defesa para seu plano como se você estivesse apresentando seu negócio para uma grande investidora e tivesse apenas cinco minutos. Seja criativa, vamos lá!

....
....
....
....
....
....
....
....
....
....
....
....
....
....
....
....
....

Você primeiro

Minha carreira como executiva me ensinou que tudo tem limites e isso quase valeu minha saúde mental. Sabe aquela ideia de equipe? De todos por um e um por todos? Eu sempre caí no "uma por todos e ninguém por uma". De repente, eu me via fazendo diversos favores para meus superiores, meus pares e até meus estagiários. Era uma fofa, uma querida, a salvadora dos jobs. Em um primeiro momento, isso parecia incrível, mas, na verdade, estava me consumindo. Dizer sim para tudo e ter medo de ser chata com um "não posso" estava me deixando sobrecarregada e muito deprimida. Eu fazia tudo para todos e não era reconhecida por isso. E pior: toda essa demanda do "sim" me deixava sem tempo para investir em minha própria carreira com novas ideias para propor para a área.

Tinha aquela colega que sempre contava comigo e quando eu precisava nunca podia me ajudar. Tinha o colega que não gostava de fazer planilhas e passava para mim, porque eu era muito organizada... Enfim, tinha de tudo. Você já passou por isso?

Está na hora de contar duas coisas que descobri: aprender a dizer não vai te ajudar a ganhar respeito, e se colocar em primeiro lugar não é egoísmo, é amor-próprio.

Quando a gente descobre isso, é libertador. Sabe aquela mensagem que a gente ouve antes do avião decolar que diz: "Em caso de despressurização da cabine, máscaras de oxigênio cairão automaticamente. Puxe uma das máscaras, coloque-a sobre o nariz e a boca, ajustando o elástico em volta da cabeça, e respire normalmente; depois, auxilie a pessoa ao seu lado"? É exatamente isso que a gente precisa fazer na vida: nos colocar e nos cuidar em primeiro lugar. E isso vale para todas as áreas da vida.

Não dá para a gente amar mais alguém do que a gente mesma.

Não dá para a gente ajudar mais alguém do que a gente mesma.

Não dá para a gente se dedicar mais a alguém ou a algo do que a gente mesma.

Não dá para a gente deixar todo mundo passar na frente e ficarmos para trás.

Eu me lembro da primeira vez que falei um "não posso fazer isso por você" para uma colega de trabalho. Naquele momento, diante da cara de julgamento e incredulidade dela, percebi que não era mais um favor, era uma obrigação. Senti vontade de recuar diante do olhar de desapontamento e julgamento, mas me mantive firme no meu propósito: eu precisava me posicionar e me colocar na frente de demandas alheias. Eu precisava rasgar aquele papel de trouxa e assumir o protagonismo naquele lugar. E foi isso que eu fiz.

Agora preciso falar sobre um tema muito importante: a sororidade.

No mundo corporativo nós, mulheres, estamos aprendendo aos poucos sobre irmandade entre nós. Ainda ganhamos 30% menos exercendo os mesmos cargos do que os homens. Ainda somos preteridas na volta da licença-maternidade – nos colocam em áreas desconhecidas e enfraquecem nossa performance na empresa. Estamos em um número ínfimo nos conselhos das empresas. E, se levarmos em consideração as questões raciais, mulheres negras ocupam 0,4% dos cargos de liderança de uma empresa. Esse ambiente hostil das corporações reflete a realidade de uma sociedade machista, racista e patriarcal.

Para ocuparmos as únicas vagas disponíveis, criaram a ideia de que devemos competir entre nós, de que devemos diminuir umas às outras – puxar o tapete mesmo – se quisermos nosso lugar ao sol. E o pior é que acreditamos nisso e nos separamos, nos odiamos, nos perseguimos até hoje.

O conceito de sororidade chegou para "aumentarmos o volume" sobre a importância de nos unirmos para quebrar barreiras e padrões misóginos. Mas isso não vem sendo fácil. Há mulheres que optam pela sororidade seletiva e só puxam aquelas que são iguais a elas. Há mulheres que se aproveitam do termo para explorar outras mulheres. Mas nem tudo é caos – estamos avançando em união.

Mas, afinal, o que é sororidade? Essa palavra significa muito para nós, mulheres: nossa união, força e aliança juntas para desconstruir e ressignificar conceitos machistas e patriarcais que muito nos enfraquecem, nos fazendo acreditar que precisamos ser inimigas e rivais umas das outras. A sororidade nos ajuda a ter empatia umas com as outras, evitando o julgamento prévio, para que possamos nos fortalecer e ocupar espaços na sociedade olhando para um objetivo em comum: igualdade de gênero e luta pelos nossos direitos.

A origem da palavra sororidade está no latim *sóror*, que significa "irmãs". Esse termo pode ser considerado a versão feminina da fraternidade, que se originou a partir do prefixo *frater*, que quer dizer "irmão".

É poderoso o significado da palavra sororidade – união entre nós, mulheres – e é necessário que a gente se una cada vez mais. Porém que seja de forma verdadeira e saudável. Não dá para dizer que é sororidade quando só você está ali para outra mulher e ela nunca pode apoiar você em nada. Então, preste muita atenção em suas relações e nunca se esqueça de que caráter independe de gênero. Monte sua rede de mulheres que se apoiam e que respeitam seu tempo e suas escolhas. Não é não em qualquer situação.

Se você é uma empreendedora, isso também vale para parcerias de negócios. Muitas pessoas podem pedir para tomar um cafezinho com você e este se tornar uma consultoria particular sem custo. Ou seja, uma falta de elegância e empatia enormes, que deixa qualquer um em uma situação bastante delicada. Há, também, aquelas pessoas que pedem prestação de serviços gratuita, que plagiam suas ideias, ou que querem fazer parcerias que só demandam muito de você em troca de um retorno muito baixo. Se todos estão à sua volta sorrindo e sugando suas energias sem oferecer nada de significativo em troca, acabe com isso imediatamente. Diga não. Reveja suas parcerias. Estabeleça limites. Seja objetiva e transparente e não tenha medo de dizer não. Aí vão algumas dicas:

1. Deixe claro o que é parceria para você: uma troca.
2. Abra na agenda cafezinhos com pessoas com as quais você considere interessante, de alguma forma, compartilhar ideias e que realmente agreguem algo para você e seus negócios.
3. Estabeleça um número de atendimento *pro bono* em seu business e comunique isso quando for solicitada sua presença gratuita em algum lugar.
4. Deixe claro o que é inadmissível para você e, de forma clara e objetiva, diga o que te interessa.
5. Use o "não" a seu favor e sem tabus. Se você souber o que não quer, já tem 50% do seu plano realizado.

Enfim, rasgue seu papel de trouxa e assuma as rédeas de sua vida!

Nunca negocie sua essência. Nunca negocie sua essência. Nunca negocie sua essência. Nunca negocie sua essência. Nunca negocie sua essência. Nunca negocie sua essência. Nunca negocie sua essência. Nunca negocie sua essência. Nunca negocie sua essência. Nunca negocie sua essência. Nunca negocie sua essência. Nunca negocie sua essência.

CAPÍTULO 15
QUEM É VOCÊ EM MEIO AO CAOS?

Preciso contar para você que, ao escrever este livro, se passaram cerca de dois anos. Hoje já tenho 42 e logo completarei 43. Demorei para concluir porque me senti insegura, me autossabotei por meses. Deletei tudo o que escrevi e comecei de novo. Me reencontrei nesse processo e em cada palavra que escrevi aqui. Me emocionei ao perceber que cada momento que passei em minha vida – bons e especialmente os ruins – contribuiu para eu me tornar a mulher que sempre sonhei ser. Percebi, também, que cada escolha fez toda diferença e que honrar a mulher que eu idealizava para o meu futuro também foi importante. Preciso agradecer à menina Vivizinha, que nunca desistiu e que, em meio ao caos, suportou firme de cabeça erguida e correndo atrás de seus sonhos para que eu pudesse viver tudo o que estou vivendo hoje. Por isso, eu insisto em dizer a você: honre cada experiência de percurso em busca da realização de seu plano e, especialmente, faça escolhas que honrem a mulher que você é e que quer ser um dia.

Enquanto escrevia estas páginas, me tornei avó de uma menina linda chamada Luiza, filha de meu filho único de 21 anos, o Paulo.

Meu filho se tornou um cara incrível. Ele se formou em Marketing e hoje atua em um dos bancos mais renomados do país – ganhou, pelo segundo ano consecutivo, o reconhecimento de funcionário de excelência da empresa. Me orgulho muito dele e meu coração de mãe transborda quando lembro que a gente ia junto para a minha faculdade e ele ficava quietinho me esperando terminar as aulas. Enfrentamos muitos caos juntos… Mas foi importante para ele também aprender a ter resiliência. E como isso o ajuda hoje em todas as áreas de sua vida!

A Luiza, minha neta, é meu trevo de quatro folhas e me incentivou a tomar grandes decisões em minha vida. Me inspirou a mostrar a ela que não podemos nos acomodar e nem nos satisfazer com migalhas de nada. Mas honrar as mulheres que somos e as que queremos nos tornar. Ela é toda cheia de si e seu apelido é dona Oncinha, já que o meu é dona Onça. Apesar de novinha, ela já sabe muito bem o que quer, e, se alguém entra no caminho e tira isso dela, ela se revolta. É bom demais ser avó e poder ver a Luiza crescer e conquistar seus planos.

Enquanto escrevia este livro, encerrei um ciclo importante e de muito aprendizado: um casamento de vinte e cinco anos. Quero agradecer ao meu ex-parceiro, pai do meu filho e avô de minha neta, por toda a jornada até aqui e desejar que seja muito feliz.

Entrei em aplicativos de relacionamento para entender como as relações estão funcionando e encontrei gente louca e gente legal. Estou reaprendendo e aprendendo muita coisa nessa área.

Durante a elaboração deste livro também aconteceu algo no mundo todo: a pandemia da Covid-19. O ano de 2020 se tornou o mais confuso, perturbador e transformador para todos nós. No Brasil, enquanto fecho este livro, são mais de 200 mil mortes. O segundo país com mais mortes no mundo por causa de um governo insano, perverso e sádico que oprime minorias e ignora o vírus.

O que podemos fazer, como devemos nos comportar em meio a essa pandemia? É hora de se perguntar: Quem é você em meio ao caos? A mulher que resolve o problema? A que cria mais problemas? A que se esconde? A que ignora os problemas? A que se desespera?

É importante a gente saber quem a gente é na fila do pão – especialmente em momentos caóticos. Se pergunte. Se perceba.

Entenda também quem são seus aliados em momentos difíceis e nunca se esqueça disso. É importante você ter seu círculo de confiança e trabalhar a sua resistência para passar por momentos difíceis e manter a sua saúde mental inabalada.

Na pandemia, precisei rever muitos produtos e entregas da Plano Feminino e do Instituto Plano de Menina. Transformamos palestras presenciais em experiências on-line, criamos jornadas educativas por videoconferência, realizamos dezenas de lives com mulheres incríveis, empregamos meninas em empresas globais, construímos projetos com marcas que geraram ótimos resultados. Mas precisei olhar para o caos e não me entregar. Precisei criar planos que pudessem me sustentar e não me desanimar. Precisei me cuidar e, às vezes, chorar quietinha com a incerteza, para não desmotivar meu time. Mas, no dia seguinte, estava pronta para reiniciar tudo.

Entendi, também, que a vulnerabilidade é vital para que possamos nos construir mulheres fortes. Estereótipos de que não podemos demonstrar medo e insegurança podem nos enlouquecer. Passei a dividir meus medos com meu time e meus amigos mais próximos e deu certo. Ninguém é uma ilha e, às vezes, você precisa desabar para reconstruir os planos.

Durante a escrita deste livro também aceitei um novo desafio profissional. Decidi diversificar meus negócios, algo que buscava havia algum tempo. Assumi a posição de CEO do Buzzfeed Brasil em outubro de 2020. O Buzzfeed é a terceira plataforma de conteúdo mais acessada no Brasil e conversa com uma geração que muito me interessa: os *millennials*. A internet anda polarizada demais. Os conteúdos precisam atrair os jovens a se informarem de um jeito mais rápido e interessante. O objetivo é ser, cada vez mais, o decodificador de notícias e entretenimento mais relevante para esse público. Estou animada para que todos os meus planos saiam do papel e que possamos ressignificar a internet com conteúdos com propósito e grandes projetos para marcas – em que todos ganhem. Negócios com propósito é a chave para que você se diferencie, e eu estou focada nisso.

Ouvi muitas pessoas questionando o que eu estava fazendo ao ocupar mais uma cadeira de CEO. Sabe o que respondi? Que às vezes as pessoas não te entenderão e que isso é problema delas. Então, siga seu caminho e acredite em você!

Lembrei da frase emblemática e poderosa de Angela Davis que diz: "Quando uma mulher negra se movimenta, toda a estrutura da sociedade se movimenta com ela". E eu me sinto assim. Em meio ao caos, floresci de dentro para fora. Estive exausta com a quarentena. Sem criatividade. Com vontade de chorar. Mas tem algo que fez toda diferença: não recuei!

Por dez meses ocupei o cargo de CEO do BuzzFeed Brasil. Junto ao meu time, recriamos o BuzzFeed Brasil nas redes sociais – num antes e depois digno de case. Criamos a vertical para marcas com propósito BUZZPULSE. Aplicamos uma pesquisa inédita para ouvir o público feminino da plataforma e, com isso, lançamos a vertical BUZZSHE, com conteúdos sem estereótipos para mulheres. Criamos a ideia de um time diverso de colunistas e transformamos o BuzzFeed numa plataforma para despolarizar a internet.

Após esse período, decidi que era hora de partir. E me deu um frio na barriga emprestar minha imagem e reputação de tantos anos de carreira para assumir a posição de CEO de uma empresa que não tivesse sido criada por mim – e da qual eu não tivesse participação societária –, mas fui assim mesmo, pelo prazer de ousar. Abracei a causa de uma empresa e marca num momento importante de transição de operação no Brasil e uma série de desafios de reposicionamento no mercado e encarei tudo.

Optei por encerrar esse ciclo para abrir caminhos a novos desafios de negócios – e eles vieram. Fui convidada pela Facebook, uma das maiores empresas de tecnologia e mídias sociais do mundo, para assumir uma posição na América Latina como Head of Connection Planning Latam!

Cinco ensinamentos que o cargo de CEO do BuzzFeed Brasil me proporcionou

A geração Z é apegada. Trabalhar para uma grife da internet como o BuzzFeed é ter acesso a uma audiência fiel e engajada, que te move a criar cada vez mais. Se você souber dialogar com essa geração, terá milhões de aliados impulsionando seu negócio todos os dias.

1. Resiliência

Dirigir uma empresa da qual não se é sócia ou dona e aprender – depois de tantos anos tocando o próprio negócio – a tomar decisões de forma horizontal, num ambiente em que sua palavra não necessariamente vai ser a final, é algo desafiador e ensina a exercer ainda mais a resiliência para os negócios.

2. Propósito pra quê?

Como CEO do BuzzFeed, eu entendi ainda mais o valor do propósito e como esse pilar é o combustível da mulher de negócios em que me tornei. Quando a gente compreende nosso propósito, consegue enxergar melhor cada tempo e movimento de nossa jornada. Fico feliz por, em minha gestão, conseguir honrar meu propósito de contratar talentos negros e criar verticais que abrem caminhos para marcas como propósito e que falam com o público feminino, como o Buzzshe e o Buzzpulse.

3. A CEO tá ON

Nem sempre estaremos ON para todo mundo da companhia. Por mais que eu ame gente e acredite que seja o principal ativo de uma empresa, é impossível estar acessível para qualquer colaborador da forma que eu gostaria de estar. Deixar de me culpar por isso foi libertador. Uma gestão humanizada vai além de conversas 1 a 1, mas é feita de ações que promovam o bem-estar do time todo.

4. Coragem para voar

Realizar nossos planos com base em nosso propósito é desafiador, e entender os tempos e movimentos de partir é essencial. Dá um frio na barriga, mas ter coragem para fechar um ciclo e abrir as portas para o novo é fundamental.

YO ESTOY CHOKITAAAA!

PLANOS PELA AMÉRICA LATINA: TEREMOS, MORES!!!

Sou uma mulher de *Big Numbers*: toda a minha trajetória pessoal e profissional mostra isso. Insisto, portanto, em falar sobre a importância de acreditarmos em nosso potencial e nunca deixarmos ninguém nos nivelar por baixo. É a gente que escreve a própria história. A gente é que sabe o valor que tem. Acredite sempre na sua história e em suas habilidades e se movimente sempre a seu favor e a favor de seu propósito como mulher – seja no mundo corporativo, seja em qualquer outro lugar.

OI, FACEBOOK! ;)

Mais de 2,72 bilhões de pessoas usam nossos serviços todos os dias.

Mais de 200 milhões de empresas – a maioria, pequenas empresas – usam nossas ferramentas gratuitas para alcançar clientes.

Estou muito feliz em fazer parte do time Facebook na América Latina. Juntos construiremos oportunidades para criar, gerar valor, impactar e alcançar grandes resultados para marcas e para toda a sociedade. Sempre trabalhando com propósito. Meu inglês e meu espanhol estão "em construção" e esta vaga é de alta liderança. Mas não me intimido e vou atrás para aperfeiçoar esses idiomas, fundamentais para esse novo cargo. Sei que o meu valor está nas minhas ideias e na minha capacidade de enxergar possibilidades diante do caos.

Quando a gente descobre quem a gente é na fila do pão e aprende a passar pelo caos e sobreviver, entende que pode ser o que quiser. Algumas de nós vão disparar na frente porque vieram de espaços privilegiados – outras, como eu e você, terão de lutar cinco, dez vezes mais. Porém o importante é que não vamos parar. Não vamos desistir da gente. Quando você alcançar os espaços que sempre sonhou ocupar, olhe para o lado, puxe outras mulheres, seja ponte. Faça sua parte e vamos juntas ocupar nosso lugar de poder e fala na sociedade.

Você vai conseguir! Eu acredito em você!

Vamos, timeee!

CAPÍTULO 16
PARA TODAS

Para você, mulher negra

Eu descobri que era negra aos 37 anos – sim, famílias miscigenadas e embranquecimento racial fazem isso com a gente. Sou uma mulher negra com passabilidade por ter traços e fio de cabelo palatável ao olhar racista da sociedade. Com certeza, foi isso que me fez achar que eu era uma "morena jambo" como todos à minha volta diziam. Mas, na hora da promoção, da concorrência, da oportunidade, eu sempre precisei lutar cinco ou dez vezes mais. Meu obstáculo não foi só nascer sem privilégios. Eu fui para cima e os privilégios do colorismo me fizeram hackear esse sistema desigual. Mas isso não acontece com a maioria de nós. É exaustivo. Doí. No entanto, quero que saiba que você não está sozinha. Estamos juntas.

Hoje, ocupando as cadeiras de privilégios que conquistei, estou construindo pontes para que você também ocupe seus espaços. Não só eu, mas outras mulheres negras estão fazendo isso. É cansativo, porém não desista de você e de seus planos. Prometa isso a você e faça o seu melhor, alegre-se com as pequenas conquistas de cada dia. Elas vão abastecer você para construir o que deseja.

Tenha orgulho da mulher que você é e honre suas ancestrais. Seja estratégica e faça alianças. Ainda ganhamos menos. Ainda não há equidade em espaços de poder, mas estaremos em número maior um dia. Cada uma que chega, vale e nos representa. Respeite a sua história e vá para cima!

Escreva aqui uma carta para você sobre sempre se priorizar e nunca desistir de quem você é:

....
....
....
....
....
....
....
....
....
....
....
....
....
....

Para você, mulher branca

Nascer branca em um país racista é privilégio, seja lá de qual região você for. Isso já te dá um cartão verde para circular e ocupar seus espaços. Claro que você encontrará obstáculos, mas ninguém vai te barrar ou te olhar torto ou desconfiar de você dentro de uma loja porque está procurando seu celular dentro da bolsa.

Você, provavelmente, vai chegar mais rápido aos seus objetivos. Saber de seu privilégio como mulher branca e da responsabilidade que isso carrega é muito importante. Conquiste seus planos todos. Acredite em você. E, assim que chegar ao espaço em que desejava estar, puxe mulheres negras. Seja amiga de mulheres negras. Use seus privilégios para mudar esse jogo perverso do racismo estrutural. Você tem tudo a ver com isso e suas escolhas farão diferença para construirmos uma sociedade com mais equidade racial, em que todas possam ter voz e vez para serem as mulheres que desejam ser.

Escreva aqui uma carta para você mesma respondendo: O que eu posso fazer, hoje, com os meus privilégios?

....
....
....
....
....
....

Para todas

Escreva para você mesma tudo o que se orgulha de ser e o que deseja construir. Quem você quer ser na fila do pão?

....
....
....
....
....
....
....
....
....
....
....
....
....
....
....
....
....
....

CONTEÚDO EXTRA

Dicionário

Aqui você encontra expressões que criei para definir algumas situações cotidianas no mundo dos negócios.

Aquele tipo de gente: afaste-se de gente que sempre te aciona para pedir contatos e nunca está disponível para nada.

Contemplando o arco-íris: quando a situação não te diz respeito e você quer fingir que não entendeu, ou que não ouviu nada, ou não viu o que estava acontecendo, faça um olhar distante, mantenha o semblante sereno e disfarce. Saia para pegar um café e só volte quando o clima estiver melhor. Isso serve para relações pessoais também.

Cute crazy: em situações extremas, em que você precisa colocar uma pessoa no lugar dela, faça "a fofa" e use palavras firmes. Um tom de voz suave com palavras certeiras "entorta" a cabeça de qualquer um que estiver te subestimando. Mostre quem está no controle e sorria, você está sendo filmada, sua fofa!

Sonsa do Nilo: tem gente que se faz, né? Está sempre fora de órbita. E tem gente que se faz de sonsa para levar vantagem. No mundo dos negócios existem muitas sonsas do Nilo e uma delas, em momentos estratégicos, pode ser você. Fique atenta ao jogo.

Tipo de amigas foguete: conecte-se às pessoas que celebram suas conquistas e te inspiram a voar ainda mais alto e que te apoiem.

Tipo de amigas tóxicas: pessoas que só fazem críticas e te botam para baixo não precisam estar ao seu lado.

Vitória na guerra: sobre escolher quais batalhas você quer enfrentar e com quais vai se dedicar até o fim. Escolha suas batalhas pelo bem da sua saúde mental.

Lembretes

Cole na sua testa, na geladeira, no armário, no espelho!

1. Construa uma rede de apoio com indivíduos que pensem como você, com a mesma energia e vontade de realizar: colaboradores, fornecedores e parceiros.

2. Não espere para colocar no ar projetos perfeitos. As coisas podem ser construídas no caminho. Claro: se sua ideia tiver realmente algum valor e propósito.

3. Priorize tempo para as pessoas que você ama e para você. É de amor que a gente se abastece para encarar o dia a dia!

4. Não assuma o papel de superpoderosa. Às vezes as coisas dão errado e tudo bem. Trabalhe com paixão e seja honesta com você e com quem está à sua volta. Certamente vai colher o que você plantar – lembre-se sempre disso!

5. Valorize seu tempo. Às vezes isso significa não poder tomar café com todas as pessoas interessantes que surgem na sua vida ou ir a todos os eventos aos quais te convidam.

6. Prioridade é tudo nessa vida. Priorize-se e seja implacável com isso.

7. Seja resiliente e continue acreditando nas pessoas.

8. Tenha coragem de ser a mulher que você quer ser.

**Acreditamos
nos livros**

Este livro foi composto em Adobe Garamond Pro, Bebas Neue Pro e Saira e impresso pela Geográfica para a Editora Planeta do Brasil em julho de 2021.